Kreá pa ta Felis i Eksitoso
Prinsipionan pa un bida dushi i satisfecho

Kreá pa ta Felis i Eksitoso
Prinsipionan pa un bida dushi i satisfecho
Skirbí pa Irene Barkmeyer-Louisa
info@lifecoachirene.com
Copyright (C) Irene Barkmeyer-Louisa, 2019
ISBN-13: 978-1-0878-3698-0
Publiká pa: Saved to Serve International Ministry
Coach di buki: Drs. Luisette Kraal RN MA MS

Tur derecho ta reservá. Nada di e buki aki no tin mag di wòrdu dupliká òf hasí públiko dor di kualke forma sea elektrónika, imprenta òf foto kopia sin pèrmit por eskrito di e outor.
Den e buki aki a usa tekstonan di
Beibel Papiamentu Koriente, 1996

Life Coach Irene
You will be *different!*

Gradisimentu

Na promé lugá mi ke gradisí Dios Tata ku por fin e buki a keda kla.

Esaki ta un buki ku pa añanan mi tabatin riba mi kurason pa mi skirbi, pero ku ketu bai mi tabata kuminsá skirbi i despues laga para i posponé.

Mi ke gradisi mi kasá Gregory i mi yu Joël ku a permití mi skirbi e buki aki sin estorbo.

Danki na mi mama sra. Ursula, pa su orashonnan.

Mi ke gradisí mi rumannan Oswaldo, Marlon i Saida ku a yuda lesa i a duna mi diferente teps pa ku e buki. Tur a yuda un poko.

Un danki ta bai na sr. Thyrone Magloire di Instituto Embahador di Reino, ku den komienso di skirbimentu tabata yuda mi ku diferente evaluashon di e buki.

Sra. Jerseline Granville, masha danki pa yuda mi lesa i editá e buki i tambe danki na sra. Priscilla Krolis, sra Miralda Paula i sr. Dennis Rafaela pa lesa i koregí ortografía di e buki.

Danki tambe na mi coach di skibimentu, sra. Luisette Kraal ku a duna mi guia pa terminá e buki.

Palabra di rekomendashon

E buki "Kreá pa ta felis i eksitoso" ta mas ku un buki; e ta un manual ku kada hóben mester tin den su kolekshon di bukinan. E ta trata e retonan di bida di un hóben den kada faseta. E ta mustra tambe e amor di Dios, Kende ke pa e hóben ta felis i eksitoso. Den e buki di Eklesiastes òf Predikador den kapítulo 11 versíkulo 9 nos ta lesa: "Gosa di bo hubentut, gosa tanten bo ta hóben ainda. Hasi loke bo ta gusta, loke bo tin gana di hasi, pero kòrda sí ku bo mester duna kuenta na Dios." E manual aki ta siña kon ta hasi esei. E ta presentá situashonnan diario i kon pa trata ku e situashon. E ta siña kon pa skohe loke ta korekto i rechasá loke no ta korekto. Pasobra na final di kuenta ta kada un di nos mester duna kuenta i rason di e bida ku Dios a duna nos.

Lesando e buki mi a bai bèk den mi propio hubentut. Si mi tabata sa algun di e kosnan aki, lo mi no a kometé e fayonan ku mi a kometé. Mi a realisá tambe kon mi mayornan a apliká algun sabiduria di den e buki aki pa lanta i eduká nos. Pues, e manual aki no ta solamente pa e hóbennan, pero tambe pa mayornan, adultonan ku no a risibí formashon korekto, organisashonnan ku ta trata ku hubentut etcetera. E buki aki ta duna speransa na Kòrsou pasobra Irene Barkmeyer-Louisa a tuma riba su mes pa skirbi un buki; un manual pa yuda guia nos hóbennan riba e kaminda pa nan por ta felis i eksitoso, segun e plan perfekto di Dios pa nan bida.

Thyrone Magloire
Presidente Instituto Embahador di Reino

Kontenido

Introdukshon	1

Kapítulo 1

Komunikashon Dushi i Eksitoso	3
Papia ku otro Hende	4
Kon Manda i Risibí Mensahe	5
Papia sin Pensa	7
Komunikashon sin Palabra	9
Papia ku nos Mes	11
Skucha Bon, Tambe ta Importante den Komunikashon	13
Mal Komunikashon	14
Bon Komunikashon – Duna 'feedback'	15
Felis i Eksitoso	17
Preguntanan Kapítulo 1	19

Kapítulo 2

Estudio, Trabou i Finansa	21
Un bon Aktitut ora bai Traha	25
Sa kiko bo Funshon di Trabou ta Enserá i Hasi Esaki bon	26
Kon bo ta Trata ku bo Finansa?	28
Ta algu robes pa un hende tin hopi sèn?	28
Kon por sali for di Debe?	29
Ta Posibel pa Biba sin Debe?	31
Mas konseho pa bon maneho di Finansa	32
Kiko por Hasi pa Gana Sèn Èkstra?	34
Felis i Eksitoso	35
Preguntanan Kapítulo 2	36

Kapítulo 3

Dominio Propio	37
Dominio Propio den Práktika	39
Keda ketu ta oro, papia ta plata!	39
Dominio Propio den Bida Seksual	40
Kon por Evitá di Hasi Sèks Promé ku Kasá?	42
E Konsekuensianan di Fornikashon	43
Un Mama Soltera	46
Un Tata (hóben) Soltero	48
Soltera(o), sin kasá	49
Felis i Eksitoso	51
Preguntanan Kapítulo 3	52

Kapítulo 4

Amistat, Freimentu i Matrimonio	55
Amistat	55
Sea bo Mes	56
Amabilidat	57
Amigu Berdadero	57
Amigu Falsu	58
Amistat Fiho - Frei	58
Matrimonio, Algu Serio	62
Divorsio	63
Responsabilidatnan di e Hende Hòmber i e Hende Muhé	64
Ata aki Algun Tep Práktiko pa Mehorá bo Relashon Matrimonial	66
Felis i Eksitoso	67
Preguntanan Kapítulo 4	68

Kapítulo 5
Emoshonnan Negativo 71
  Preokupashon 71
  Konsekuensianan di preokupashon 72
  Preokupashon no ta Yuda 74
  Engaño: Di kon Hende ta Gaña mi 74
  Di kon hende ta gaña: 75
  Kiko bo por Hasi pa bo no Gaña? 75
  Kiko mi tin ku Hasi ora mi ta Rabiá 77
  Amargura 77
  Kon Mester Reakshoná? 78
  Bo por tin Rason di Rabia? 80
  Por Evitá di Rabia? 81
  Sentimentu di Strès 82
  Kon bo por Evitá e Sentimentu di Strès 83
  Mi tin Miedu 87
  Insiguridat 88
  Felis i Eksitoso 90
  Preguntanan Kapítulo 5 91

Kapítulo 6
Trata bo Próhimo bon 93
  Ekspresá Gratitut 93
  Duna Rèspèt na Otro: 97
  Rèspèt den Bida Familiar 99
  Yuda otro, Tambe ta Mustra Rèspèt 102
  Bisa NÒ 103
  Felis i Eksitoso 104
  Preguntanan Kapítulo 6 105

Kapítulo 7

Sabiduria	107
Kon ta haña Sabiduria?	107
Un Hende Sabí	109
Kon por Pone Sabiduria den Práktika?	111
Eskohonan Sabí	112
Ai, mi a Tuma un Mal Desishon, Kiko Awor?	116
Felis i Eksitoso	118
Preguntanan Kapítulo 7	119

Kapítulo 8

Piká i Pordon	121
Piká	122
Pordoná	122
Ehèmpel	123
Pordon den Orashon	124
Kuantu Biaha mester Pordoná?	124
Bentahanan di Konfesá Piká na otro i Pordoná otro	127
Felis i Eksitoso	128
Preguntanan Kapítulo 8	129

Kapítulo 9

Estímulo i Balor Propio	131
Estímulo Propio Positivo / Salú	132
Algun Tep pa un Estímulo Propio Salú	132
Poko Estímulo Propio	133
Stima bo Kurpa i Glorifiká Dios ku bo Kurpa	135
Kondishon di bo Kurpa	136
Stima Dios Mas ku tur Kos	137
Dios ta Eksistí di Bèrdat?	138

Kon bo ta hiba Amor den Práktika?	139
Felis i Eksitoso	142
Preguntanan Kapítulo 9	143

Kapítulo 10
Kiko ta bo Opinion di Beibel, e Palabra di Dios	145
Historia di Beibel	146
Kiko ta Orashon i kon Hasi esaki	149
Kon Hasi Orashon	149
Kon Hasi Orashon pa asina bo Haña Kontesta	151
Bo Alma ta Salbá?	152
Felis i Eksitoso	154
Preguntanan Kapítulo 10	156

Kapítulo 11
Sea Enkurashá	159
Algun palabranan pa enkurashá bo den bo kaminata ku Kristu Hesus:	159
Felis i Eksitoso	165
Preguntanan Kapítulo 11	167

Kapítulo 12
Konklushon	169
Buska Yudansa	171

Introdukshon

Bo Ke ta Felis Tòg?

Pa algun hende un bida felis ta enserá amigunan, hopi sèn, outo nèchi, paña nèchi i hasi loke nan tin gana. Tur esaki ta bon! Pero nan no ta tur kos den bida. Tin hopi hende ku tin tur esaki i ainda no ta felis! Wak hopi artista bo ta sá.

Ken ku sigui un mapa, no ta pèrdè kaminda. Meskos ta bèrdat riba e kaminda di bida. Nos mester di un mapa pa guia nos, pa nos yega na nos propósito di bida. Ora ku nos haña opstákulo i desviá riba kaminda den bida, nos ta bolbe chèk e mapa pa por bai bèk riba e kaminda korekto. E mapa di bida ta e Palabra di Dios. Ora nos siguié i hasi manera e ta mustra nos, nos lo yega nos destino i lo nos ta felis i tin éksito den bida. P'esei mi a skirbi e buki akí pa yuda bo den esaki.

E meta di e buki aki ta pa mi kompartí ocho area di bida ku mi a diskubrí, ku nos por traha riba dje i kontribuí na nos felisidat i éksito. Kisas ora bo mira nan, bo ta pensa, kiko e kos akí tin di hasi ku felisidat? TUR KOS. Konfia mi, sigui lesa i keda praktiká loke bo a lesa. Bo mes lo ripará un kambio pa bon. Maske bo bira fló pa lesa òf bo ta pèrdè smak. Keda kue e buki tur dia un ratu i lesa un pida. Praktik'é den bo bida di tur dia i lo bo mira fruta sigur.

Sea bo a skohe pa kue e buki aki den bo man pasobra bo ke ta felis i bo ke tin éksito. Òf ta pa bo evaluá si bo ta felis kaba i kon pa sigui ku éksito den bida. Ta algu ku nos tur ta deseá i e ta posibel tambe. Maske kiko ku bo ta pasando aden, maske kon duru bo situashon ta aworakí, sabi ku pa tur kos tin solushon. Keda tene speransa pasobra bo bida por kambia di manera ku bo por bira un hende felis i eksitoso.

E ocho áreanan ku nos ta bai trata den e buki akí ta:

1. Komunikashon
2. Estudio, Trabou i Finansa
3. Dominio propio, seksualidat i mayor
4. Amistat, freimentu i matrimonio
5. Emoshonnan negativo
6. Trata bo próhimo bon
7. Sabiduria
8. Bida spiritual

Kapítulo 1
Komunikashon Dushi i Eksitoso

Ora nos tende di komunikashon kasi sigur nos ta pensa riba "papia i skucha" otro. Esei ta bèrdat. Papia i skucha ta parti di komunikashon. Pero aparte di papia i skucha, komunikashon tin muchu mas kos aden. Tur forma di interkambiá informashon ta kai bou di komunikashon. Por ehèmpel: chiu, trose kara, saka lenga, trèk lep, hisa skouder, bira lomba, mustra un dede, primi lep, sera kara, smail òf zuai ku man i manera di bisti.

Tambe, nos ta komuniká hopi via medionan ku ta hasi uso di internèt, manera 'whats app', 'twitter', 'snap chat', 'face book', etc.

E meta di komunikashon ta pa haña komprenshon un pa otro i asina yega mas serka di otro. P'esei ta importante pa sa kon komuniká bon

i evitá mal komprondementu i problemanan sin nodi. Esta dushi nos ta komuniká e ora ei. Nos ta sinti felis i bo por bisa ku nos a komuniká ku éksito!

Den e kapítulo aki nos lo siña partinan importante di komunikashon manera kiko pa papia, kon ta papia, ki ora ta papia pa ta eksitoso den komunikashon.

Papia ku otro Hende

Nos tin ku tene kuenta ku no mester papia ku tur hende di e mesun manera. Ora hende hóben ta papia ku nan amigunan nan ta yega bisa: "Ki' b'a hasi?", "mi t'ei si sua," òf "kompletu".

Ora nos ta kumindá un hende grandi, un hende ku nos no konosé bon òf nos ta bai un entrevista pa trabou, nos no ta kumindá di e mesun manera ei. Nos ta yega yama bon dia … ku un sonrisa. Ora di sera konosí, nos ta duna un man fuerte i bisa: "Ami ta …, mi ta bon, danki." Despues nos ta sigui ku e kombersashon. Importante ta pa tene kuenta ku nos postura di kurpa i nos mirada. Tur esaki ta bisa algu di nos persona.

Kisas nos ta sinti ku otronan no ta komuniká bon ku nos. Ora nos ke bisa algu, hende no ta tum'é na serio òf nan no ta laga nos kaba di papia. Tin biaha nan ta kita palabra fo'i nos i papia pareu ku nos i stòp di skucha. Lugá di papia trankíl, nan ta grita. Dor di esaki nos ta grita bèk.

Tin biaha, ora nos rabia, nos mes ta papia brutu, òf bisa kos sin pensa i insultá hende. Por ehèmpel "Sera bo boka! Bon' tin nada di bisa mi! Ki bo ke men? Bai kaminda b'a s…"

Si nos ta usa palabranan duru i insultante ora nos rabia, esaki por sera porta pa nos. Hende ta haña nos ònbeskòp, bisa ku nos tin mal manera di papia òf ku nos ta fresku.

Un hende ku ta eksitoso den su komunikashon no ta usa palabranan brutu asina ei. E lo pensa promé i bisa loke ta molesti'é, pero nunka insultá. Ya komo ku esaki por lanta rabia serka e otro i lo forma un bòmbòshi ku no ta kaba umbé. Pero sí nos por usa palabra suave i kla pa splika, asta ora hende trata nos malu, esaki ta bira un bon komunikashon i porta ta habri pa nos. Hende lo gusta papia ku nos, lo ta un plaser pa skucha nos papia. Dor di skucha nos bon, hende ta komprondé nos mihó, situashonnan ta wòrdu aklará i nos ta logra loke nos ke. Ora hende komprondé nos i nos komprondé nan, nos lo sinti nos mes felis!

Bo por imaginá bo un kas, un famia, un pareha, un amistat sin pleitamentu? Ku ta usa palabra trankíl pa splika un kos? Ku ta tuma tempu pa skucha otro i komprondé otro? Ku ta papia sin grita i insultá otro?
Ban wak.
Lo mi spliká bo stap pa stap kon nos por hasi esaki.

Kon Manda i Risibí Mensahe

Papia ta sigur un di e maneranan mas usá pa komuniká. Bo a yega di paga tinu kuantu biaha pa dia un hende ta papia? No solamente hende ta papia hopi, nan ta papia na diferente manera: papia den nan mes (pensa), papia ku nan mes ('self talk'), papia ku otronan, òf papia ku Dios (orashon).

Ora un hende ta papia otro tin ku skucha pa e bira un komunikashon. Nos ta bisa: un hende ta manda e mensahe i e otro hende ta risibí e mensahe.

E Hende ku ta manda e mensahe nos ta yama ablante òf papiadó.
E hende ku ta risibí e mensahe nos ta yama skuchadó.

Loke nos ke logra ku komunikashon ta pa e otro hende komprondé nos. No pa e tende nos só.
Ta p'esei ta importante kon nos ta manda e mensahe i ku kua intenshon. Kiko nos ke logra ku e mensahe ku nos ta manda? Na e reakshon di e skuchadó nos ta sa ku nos mensahe a yega, manera tabata nos intenshon. Si nos ke pa nos skuchadó reakshoná di otro manera, nos tin ku komuniká di otro manera, te ora ku nos haña e reakshon òf kontesta ku nos ta deseá. Si nos no adaptá òf kambia nos manera di komuniká, nos ta sigui risibí e mesun reakshon.
Si nos sa ku un palabra òf tono ta stroba nos komunikashon, nos no mester us'é.

Un ehèmpel
Bo tata ke pa bo papia desente kuné. E ke pa bo bis'é "si tata" òf "nò tata." Ora bo rabia i bo grita, bo tata ta rabia i no ta skucha mas. Pasobra bo no ta papiando desente.

Pues, ora bo ta papia, abo ta responsabel pa e reakshon ku bo ke risibí. Si bo ke pa e hende tende bo, bo tin ku komuniká trankil i usa palabra desente pa splika kiko bo ke.

Si bo ke pa un hende hari, bo no ta kont'é un kos laf, tòg? Tambe bo ta responsabel pa haña un kontesta di loke bo ke sa. Den un kombersashon un hende por puntra: "Kon a bai ku bo èksamen di Papiamentu?"
E otro ta kontestá: "A bai bon."
Si esun ku ta puntra ke sa mas di e èksamen di Papiamentu, e tin ku hasi e pregunta di un otro manera. Por ehèmpel e por puntra: "Kon a bai ku e èksamen di Papiamentu, bo por a yena tur pregunta fásilmente òf tabatin preguntanan ku bo a haña difísil?"
E ora ei, esun ku a risibí e pregunta no por kontestá ku solamente bon òf malu. E mester pensa un ratu i duna mas informashon. Su kontesta por ta: "El a bai bon si. Pero mi no por a yena pregunta nr. 8 tokante di komementu salú. Pero mi a yena tur sobrá."
Asina bo ta risibí e informashon ku bo ke.

Un ehèmpel mas
Si bo ke pa bo kasá skucha bo, bo no ta kuminsá un frase ku: "Tendé mi un kos akí."
E kasá lo bira puntrá bo: "Ta ku ken bo ta papia? Mi no ta bo mucha. Papia na drechi ku mi." Asin'ei bo a daña bo chèns pa e skucha bo.
Mihó bo a kuminsá e frase ku: "Dushi, bo por skucha mi un ratu?"

Papia sin Pensa

Ora nos ta komuniká ku otro hende, nos mes mester ta konvensí di loke nos ke bisa. Esei ta nifiká ku nos mes

7

a pensa kaba riba loke ku nos ke bai papia i nos sá ku esaki ta bon. E ora ei nos ta parse mas sigur di nos mes serka e otro persona. Dor di esaki e otronan ta tuma nos mensahe na serio.

> "Hende ku ta papia pa loko,
> fasilmente ta papia su boka forbei,
> hende ku ta papia poko,
> ta inteligente"
> (Proverbionan 10:19).

Tin biaha nos ta papia i sigui papia ku otronan sin tuma tempu pa pensa i skohe nos palabranan ku kalmu. E or'ei nos ta komuniká for di nos emoshonnan. Den kasonan asina nos por ofendé otronan òf papia kos ku nos no mester a papia.

Un ehèmpel
Bo a kaba di kumpra un kùp di djus i bo a pone esaki riba un rant di muraya un ratu pa bo a bùk kue algu ku a kai fo'i bo i un hende a pasa pone su man riba e rant di muraya, nèt kaminda bo kùp di djus ta i basha esaki abou. Ora b'a mira kiko a pasa ku bo djus, bo a bula grita: "Hei sua, ta kèns bo ta? Wak kiko bo ta kana hasi hòmbu!"
Kiko a pasa akinan?
E doño di e djus a rabia i for di su rabia e ta bisa algu brutu. E no a para pensa un ratu.

Kiko e por a hasi diferente?
Despues ku e kos a sosodé e doño di e djus por hala rosea, keda wak e otro i warda un ratu. E otro persona tin hopi chèns di bisa despensa si e haña un espasio! I talbes e lo ofresé pa kumpra otro djus p'é. Òf si esaki no pasa, e doño di e djus por puntra ku trankilidat: "Bo por kumpra otro djus pa mi?" Dunando esun ku ta su falta chèns pa drecha e situashon sin mester di zundramentu.

Un konseho:
Pensa bon promé ku papia. Nos ta komuniká ku otronan pa duna un mensahe, pa enkurashá, pa spièrta, pa yama danki, pa splika algu, pa puntra algu, etc. Den tur kaso, laga komunikashon ku otronan ta positivo i no humiliá otro ku palabra. Hopi biaha ta loke nos kurason ta yen di djé nos ta papia. Si nos kurason ta yen di kosnan bon, di mes nos ta papia i hasi kosnan bon!

Pa nos ta felis nos mester siña pa ….

> "No usa palabra fo'i sla; laga loke boso papia ta útil, konstruktivo i na su lugá, bon pa yuda esnan ku ta skucha"
> (Efesionan 4:29).

Komunikashon sin Palabra

No tin mester di papia pa bisa algu. Nos tur sa esei. Nos por skirbi, òf hasi seña. Ántes na Kòrsou nan tabata kanta tambú pa konta kos (tira palabra) na otro.

Ku kurpa, wowo, boka, man, postura, pia, dede, nos por "bisa algu" sin usa palabra!

Bo mester a mira hende trose otro wowo malu. Nan no a bisa nada pero nan a bisa masha hopi kos ku e wowo malu ei.

Esaki nos ta yama Komunikashon Sin Palabra. Den e kaso akí nos ta komuniká ku nos postura, ekspreshon di kara, seña i tene kontakto ku wowo òf no tene kontakto ku wowo.

Ántes mayornan tabata hasi hopi uso di komunikashon sin palabra. Mi mama ta bisa, ku ántes e no tabatin ku papia asina tantu ku nos, manera nos awor ta papia ku nos yunan. E tabata djis hisa kara mira nos i na su ekspreshon di kara ya nos tabata sa "kuant'or tin."

Tin bisá ku e skuchadó ta komprondé solamente 7% di tur e informashon di e palabranan ku a wòrdu papiá. Ta p'esei komunikashon sin palabra ta importante. Nos ta manda un mensahe sin palabra tambe, ku ta bisa e skuchadó muchu mas tantu ku e palabra papiá. Nos ta wak su kara i postura tambe pa nos komprondé kiko e ke men.

Un ehèmpel.

Si bo bisa: "Mi ta kontentu", pero bo tin skouder doblá i bo ta wak tristu, niun hende lo no kere ku bo ta kontentu.

Òf si bo ta sintá den un entrevista i nan ta puntra si bo ta nèrvioso i bo ta kontesta nò, i nan ta mira ku bo ta wak ku ansha i ku bo mannan ta tembla, bo komunikashon sin palabra ta komuniká un otro mensahe for di loke bo ta papia.

Pues ku otro palabra, na nos 'body language' hende mester por mira ku nos ke men loke nos ta bisa. Pues nos 'body language' i nos palabranan mester kuadra ku otro. Lo nos sinti nos felis ora nos konosé un hende bon, ku djis mir'é só (su postura di kurpa, mirada etc.) ya nos ta komprondé kaba kiko ta pasando kuné.

Hopi hende hòmber tin miedu di e palabra "nada." Kuantu biaha nan a haña nan mes den e situashon ku nan kasá ta mal rabiá den outo banda di nan. Ora e hòmber puntra "Dushi ki' falta bo?" E kontesta ta bin rápido i skèrpi: "NADA!". Siguí pa un silensio intenso! Tur hende sa bon bon ku falta algu. Henter e 'body language' ta grita: "Mi ta rabiá!" "Bo a ofendé mi," pero e señora ta kontestá: "Nada."

Pa nos komuniká ku éksito ta bon pa nos siña usa palabra suave pa splika e otro kiko a bai robes. E señora den outo ei lo por bisa: "Duná mi un ratu pa mi pensa i ora nos ta na kas mas trankíl nos ta papia."

E señora ta rabiá?

Sí.

Pero su meta no ta pa STRAF su kasá ku su rabiamentu. Su meta final ta pa mustra e kasá kiko a bai robes i kon nan lo por evitá esaki den futuro. Pa e logra e meta aki e mester keda trankil, usa palabranan sabí i splika ku e meta ta pa drecha kos.

Papia ku nos Mes

De bes en kuando ta bon pa nos wak nos mes den spil i papia ku nos mes. Nos por hasi esaki pa enkurashá nos mes, pa nos fortales'é nos konfiansa propio i pa nos traha riba nos sentido di balor propio. Por ehèmpel: mi ta salú i fuerte, mi por tur kos ku forsa di Dios, mi ta un bon amigu, mi tin kapasidatnan i talentonan úniko, awe ta mi dia pa hasi un diferensia positivo.

Ta bon pa nos sa kiko Señor nos Kreador ta bisa di nos i nos por ripití e palabranan aki i kere esakinan. 'Self-talk' positivo ta un medio tremendo pa influensiá nos manera di pensa, sinti i tambe nos manera di aktua. Semper keda positivo na lugá di papia kosnan den un forma negativo. Por ehèmpel, na lugá di bisa: "Mi no tin miedu...", ta mihó bisa e meskos, pero na un otro manera ku ta positivo: "Mi ta bai pa e reto aki." Tambe tene e deklarashon pa awe, no mañan, no despues, pero pa awor. Esaki lo yuda nos sinti i komprondé ku e resultado ku nos ke ta pa awe i pa awor!

Un ehèmpel: Bo mama ta puntra: "Mi yu, bo a limpia bo kamber kaba? Bo ta kontestá: nò mama, awor mi ta bai limpi'é." Bo ta laga bo telefòn para i bo ta bai limpia bo kamber. Hasiendo esaki lo bo sintí bo felis, pasobra b'a hasi un kos kita fo'i man i bo mama tambe ta keda kontentu.

Mi a yega di tende un predikador (Steve Munsey) bisa: "What you speak is what you get!" Si nos bisa nos mes ku nos no por hasi tal kos, lo nos no por hasié tampoko. Kontrali e ta traha mes un kos. Si nos bisa: "Mi por hasié, mi ta bai p'é." Nos tin fe i nos ta kere den loke nos ta papia ku nos mes. Nos selebre ta risibí e mensahe, transmití esaki pa nos kurpa, komo konsekuensia nos ta bai aktua di tal manera.

Lo nos mira ku nos lo haña e forsa, e boluntat i e kurashi

pa nos hasi esaki tambe i pa nos bai p'é.
Ku nos palabra nos por konstruí òf destruí nos mes òf un otro persona.

> "Palabra suave ta pone bo biba di berdè,
> palabra perverso por destruí bo totalmente"
> (Proverbionan 15:4).

P'esei ta konsehabel pa nos wak bon kon nos ta usa palabranan i kiko nos ta bisa na nos mes i na otronan.

> "Palabra tin poder riba bida i morto;
> "Hende ku gusta papia,
> mester karga e konsekuensianan"
> (Proverbionan 18:21).

Skucha Bon, Tambe ta Importante den Komunikashon

Skucha bon ta nifiká, skucha ku atenshon i laga e otro kaba di papia. Segun nos ta skucha, nos tin ku konsentrá riba e mensahe i trata na komprondé kiko e otro persona ke bisa nos. Pone nos mes den e situashon di e persona i no huzga i saka konklushon promé ku e otro persona kaba di papia.

Importante ta pa pone atenshon na e 'body language' di e persona ku ta papiando. Asin'ei nos por komprondé mihó kiko e ke men. Manera ya menshoná, e 'body language' ta papia e berdat kompará ku e persona su palabranan.

Segun nos ta skucha, nos tin ku paga tinu riba nos postura. Si nos ta sintá òf pará, sòru di tin un postura règt. Òf mihó bisá: posishoná nos mes pa nos skucha bon. Un postura slap ta duna e impreshon ku nos no ta interesá den loke e otro persona tin di bisa. Ta bon pa tene kontakto di wowo, de bes en kuando duna 'feedback' bisando: "Ahan" "si", "hm." Esaki ta laga e otro persona ku ta papiando ripará ku nos ta sigui su historia. I ora e historia no ta komprendibel, nos tin ku pidi pa aklarashon.

> "Mi rumannan stimá,
> tene kuenta ku loke mi a bisa i sea ansioso
> pa skucha, pero lento na papia i na rabia"
> (Hakobo 1:19).

Skucha e historia di e otro persona promé i trata na komprondé i despues ora nos ta na palabra e otro persona tambe lo skucha pa asina komprondé nos historia. Si duna rèspèt na otronan, nos tambe lo risibí rèspèt di otronan.

Mal Komunikashon

Tin biaha tambe tin mal komunikashon. Esaki sa sosodé ora ku un hende bisa algu i nos a komprondé henteramente otro un kos for di loke e hende ke men. Nos ta saka un konklushon ku no ta kuadra ku e intenshon di e otro persona. Konsekuensia di esaki ta ku nos por haña pleitu òf tenshon ku otro.

Un ehèmpel,
bo a pidi bo mama fia bo su outo pa bo bai sine ku bo amiga. Bo mama ta bisa bo "ta bon, pero ora sine kaba bini dirèkt kas". Ya bo ta saka konklushon ku bo mama ta deskonfiá den bo i no ta laga bo keiru un tiki ku bo amiga despues di sine. Logá, e motibu ku bo mama ta bisa bo pa bini dirèkt kas ora sine kaba, ta pasobra e tin mester di e outo pa e bai trabou.

Ta importante kon nos ta opservá i huzga e kosnan ku ta pasando. Tin biaha nos ta mira algu sosodé, òf nos ta tende di algu, ya nos a saka konklushon a base di nos eksperenshanan di pasado òf a base di loke hende a bin konta nos. Loke no ta (tur biaha) bon!

Tras di kada kos ku sosodé, tin un otro kousa. Promé ku nos saka nos konklushon òf huzga un hende, nos mester sa bon bon kon e kos ta sintá den otro.

Sòru pa nos tin sufisiente informashon
(di ámbos banda) tokante di e suseso.

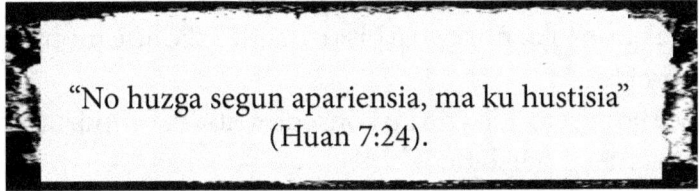

"No huzga segun apariensia, ma ku hustisia"
(Huan 7:24).

Bon Komunikashon – Duna 'feedback'

Ora nos ta papia di bon komunikashon, ta ora ku nos ta habrí pa duna i risibí 'feedback'. 'Feedback' ta nifiká duna kontesta riba loke nos a komprondé for di e palabranan ku a papia ku nos.

Duna 'feedback' ta en realidat pone un sorto di spil

dilanti di e otro persona (papiadó), asina ku e por mira su karákter, komportashon i mensahe bon kla. Asina e persona por komprondé kon e otro (skuchadó) ta opserv'é, komprond'é i splika su komportashon i mensahe.

Tin biaha tin hende ta mira 'feedback' komo krítika (negativo). Nan ta sinti nan mes ataká òf ta sinti e 'feedback' komo un seña di frakaso. Pero esei e no ta. Mira 'feedback' komo e posibilidat pa siña algu pa bai dilanti.

Nos mester ta habrí pa 'feedback' i determiná pa nos mes si nos ta òf por tuma akshon riba esaki pa asina mehorá nos komportashon, aktitut òf manera di bisa kosnan. 'Feedback' ta bon pa asina nos siña konosé nos mes i otronan. Tambe e ta bon, pa asina logra mihó resultadonan ora ta traha huntu.

Ora ta Duna 'feedback', ta bon pa tene kuenta ku lo siguiente:
- Wak bon kiko nos ta bai bisa e hende i skohe e momentu korekto;
- Sea konkreto. Nos tin ku konsentrá riba e komportashon i no riba e persona;
- Laga sa kiko ta e impakto òf konsekuensia di tal komportashon;
- Fiha e diskushon riba e solushon, no riba e problema;
- Puntra e otro persona su opinion riba e 'feedback' ku nos a dun'é.

Ora di Risibí 'feedback', kasi Semper lo nos Sinti nos Inkonfortabel!

Por hasi uso di e téknikanan menshoná aki bou, ora nos risibí 'feedback':
- Konsentrá riba e mensahe i no riba e persona ku ta papiando. Buska e berdat den esaki;
- Skucha ku atenshon i keda kalmu. Sòru pa nos tin un bista kompletu;
- Aklará e 'feedback', sigui puntra i resumí;
- No bai den defensa ni duna deklarashon, pensa promé;
- Bini ku sugerensianan, kiko por hasi pa mehorá e situashon.

Ehèmpel: Bo mama òf bo señora ta bisa ku ora bo lanta for di kama bo ta laga e kama tur bruá atras. E ta haña ku e kama ta keda desordená. E ta pidi bo pa otro biaha drecha e kama promé ku bo sali kas.

Ora bo kaba di skucha e mensahe ku atenshon, pensa riba e sugerensianan ku lo bo bini kuné pa mehorá e situashon. Bo por bisa: "Wèl sòri ku e kama bruá tabata molestiá mama. Otro biaha lo mi drecha e kama asina mi lanta fo'i djé."

E intenshon di duna i risibí 'feedback' ta, pa por komprondé otro mihó i hasi kosnan ku boso tur dos ta di akuerdo kuné, asina boso kada un por bai un stap mas dilanti ku boso logro den bida.

Felis i Eksitoso

Pa bo sinti bo felis i tin éksito den komunikashon, nos a mira ku ora nos ke bisa algu nos mester hasi esaki sin grita, papia brutu òf insultá otro. Si bo ke pa hende skuchá bo, bo mester papia nèchi, hasi uso di palabranan suave i kla pa duna bo opinion ku rèspèt. I e otro persona ku ta skucha, mester konsentrá riba e mensahe pa asina e por komprondé mihó. Pensa bon promé kon bo ta bai duna un 'feedback' i traha riba e 'feedback' ku bo a risibí, pa asina di ámbos banda boso keda satisfecho di a komuniká ku otro.

Preguntanan Kapítulo 1

1. Si un hende grita bo, kon ta e mihó manera pa bo respondé?

2. Bo amiga a bai wak un pelíkula, antó bo tin gana di sa kon e pelíkula ta pa bo disidí si bo tambe ta bai wak e òf nò.
Kon bo tin ku hasi e amiga e pregunta pa bo sa, si bo tambe ke bai wak e pelíkula ei?

3. Bo tin ku pensa bon promé bo bisa algu.
Di kon esaki ta importante?

4. Duna un ehèmpel di un biaha ku bo a papia sin pensa i kiko e konsekuensia tabata.

5. Kon bo por komuniká sin usa palabra, anto tòg e otro hende ta komprondé bon bon kiko bo ke men?

6. Kiko ta e kosnan ku bo tin ku tene kuenta kuné òf apliká pa bo ta un bon skuchadó?

7. Mal komunikashon por trese hopi problema.
   Kon abo lo hasi pa evitá mal komunikashon?

8. Den un bon komunikashon bo ta duna 'feedback'.
   a. Ku kua intenshon bo ta duna 'feedback'?
   b. Kon ta e mihó manera pa hasi esaki?
   c. Ora ku bo risibí 'feedback' di otro, kon lo bo hasi ku e 'feedback' ei?

Kapítulo 2
Estudio, Trabou i Finansa

Un bon trabou ta un di e aspektonan importante ku por kontribuí na un bida felis. Un bon trabou ke men ku tin sèn pa kumpra kuminda, paga kas, kumpra outo, etc.

Sigur sigur, un bon trabou tin hopi benefisio. No solamente e parti material i finansiero, pero tambe e parti di alegria i orguyo propio ku bo ta hasiendo un kos ku bo ta gusta, ku bo ta bon den dje, ku ta duna bo un sentido di éksito i felisidat. Un bon trabou ta trese bon sèn aden tambe fin di luna.

E konsehonan ku ta sigui ta spesialmente pa e hóben ku ainda ta den preparashon pa kuminsá un karera i un bida di adulto.

Promé ku pensa riba haña un bon trabou, mester kuminsá pensa riba algun otro kos hopi importante pa futuro. Kiko lo bira òf kua profeshon lo bai hasi? A base di deseo, pashon i puntonan fuerte bo por skohe e direkshon di estudio profeshonal. Unabes bo a hasi un eskoho, lo bo tin ku tuma esaki na serio. Hinka tur loke bo tin den e estudio pa por terminá esaki ku bon resultado i ku satisfakshon.

21

Ku tuma na serio mi ke men:

Mantené un "plan di estudio." Pone riba papel kon lo bai hasi e estudio:
- Plania pa kada aña di estudio òf aña eskolar kiko i kon ta bai studia. I sigui e plan aki;

- E plan mester ta realístiko, mester por midi esaki i e mester ta posibel pa hasi;

- Pone den kuantu aña bo ke kaba e estudio i tene bo mes na esaki;

- Bo mester sigui traha enfoká riba e meta pa bo logra kaba e estudio ku éksito.

- Tuma tempu pa rekreá;

- Ta importante pa traha/studia huntu ku otro kompañero(nan) di klas. Un ta yuda e otro;

- Evitá amigu(a)nan ku ta stroba bo di sigui e estudio. Rondoná bo mes ku hendenan ku ta influensiá bo positivo i ku ta motivá bo pa sigui ku e estudio;

- No laga pa mañan loke por studia òf kaba di traha awe. Nunka nos no sa kiko e dia di mañan por trese kuné;

- Skirbi pa bo mes kiko ta e kosnan ku ta stroba bo di logra bo meta i hasi esfuerso pa evitá esakinan. Asina bo por sigui studia sin estorbo. Si ta nesesario, papia ku bo mèntòr òf ku bo mayornan riba esakinan;

- No stòp asina asina ku bo estudio/skol ora esaki bira difísil; Tene kurashi i sigui padilanti, stap pa stap i lo bo mira ku kada stap ku bo logra ta un milager;

- Visualisá bo meta final: kiko bo ke logra despues. Por ehèmpel si bo ke bira dòkter di bestia, buska algun potrèt òf plachi di dòkter di bestia, práktika di veterinaria ku tur loke ta nesesario aden i skirbi bo nòmber riba e práktika. Despues plak esakinan riba un 'bòrchi di plak' den bo kamber i tur dia bo ta mir'é i bisa: "Asina aki mi práktika di veterinaria lo bira." I laga esaki motivá bo pa sigui studia;

- Sea organisá. Bon organisashon i preparashon ta duna un bista kla riba tur kos i ta yuda nos traha strukturá pa logra nos meta;

- Papia palabranan positivo ku bo mes: "Mi ta un bon studiante, mi ta siña bon, mi ta traha mi prueba/tèntamen bon, mi ta terminá mi estudio ku éksito";

- Kome salú, tres (3) biaha pa dia. No falta e desayuno. Esaki ta esun di mas importante di e tres kumindanan;

- Sòru pa bo drumi sufisiente. Mi táwela semper tabata bisa nos: "Early to bed and early to rise, makes a man healthy, wealthy and wise";

- Durante di e aña eskolar òf aña di estudio, ta mihó pa no usa bibida alkohóliko. Uso di alkohòl ta afektá selebre i ta pone hende sinti kansá i depresivo e dia despues ku a bebe alkohòl. Uso di alkohòl no ta motivá bo pa studia;

- No kuminsá ku humamentu di sigaria. Esaki ta hopi malu pa salú, ku e konsekuensia ku bo por bira adikto na dje. Dor di huma sigaria, bo por haña preshon (di sanger) haltu, bo kurason ta bati mas duru, bo pulmon ta wòrdu afektá i dor di esaki bo por haña kanser di pulmon, ku morto komo konsekuensia;

- No kuminsá ku humamentu di mariwana. Humamentu di mariwana na un edat hóben, tin su efektonan negativo pa bo estudio. E ta kita bo abilidat di konsentrashon, e ta afektá bo mente di manera ku bo ta keda kòrda ménos kos ku bo a studia, loke tin komo konsekuensia ku bo ta haña mal resultado na skol i a lo largo nan ta kita bo for di skol. Humamentu di mariwana ta kosta sèn i bo ta kore rísiko di bira adikto na dje òf di bai ofer na droga mas pisá. No laga e sintimentu "dushi" di huma mariwana stroba bo di logra bo meta pa ku bo estudio i bo bida den futuro. E sentimentu dushi, e trankilidat i e pas ku bo ta buska den humamentu di mariwana, bo ta hañ'é ora bo ta den presensia di Kristu Hesus i esei no ta kosta ningun sèn;

- Despues di kada éksito ku bo a logra (bon sifra, bon rapòrt, diploma) tuma tempu pa selebrá esaki. Mas importante e logro ta pa bo, mas grandi bo selebr'é.

Despues ku bo a kaba ku bo estudio, bo ke bai traha un bon trabou

Un bon Aktitut ora bai Traha

- Sòru pa kuminsá traha na tempu mainta i despues di e pousa di mèrdia;

- Sea motivá i entusiasmá pa hasi bo trabou;

- Sa kiko bo funshon ta enserá i hasi esaki ku dedikashon;

- Hasi e trabou bon, manera ku ta pa Señor bo ta traha i no pa hende;

- Respetá bo doño di trabou i resa p'é;

- Si bo doño di trabou tratá bo na un manera deshonesto, lag'é pa Dios. E ta e Doño riba tur otro. No hasi nada ku ta bai kontra di bo prinsipionan moral;

- Mester tin desafio den bo trabou (algu ku ta hasi bo trabou interesante, no tur dia e mesun kos di hasi), sino bo tin ku papia tokante di esaki ku bo hefe direkto pa wak kiko por hasi den e situashon;

- Si ta nesesario duna un man pa yuda bo koleganan. Boso ta un tim. E punto ta pa boso kompania (doño di trabou) bai bon;

- No traha grupito entre koleganan. No hasi redu riba otro, pasobra esaki ta trese divishon. Esaki ta malu pa e kompania i boso lo no ta traha dushi huntu. Papia tur problema, buska solushon;

- E kliente ta rei. Sea amabel ku e kliente. Mas bo trata e kliente bon, mas e kliente ta sigui bini na e kompania, mas entrada pa bo doño di trabou, mas sigur bo ta di bo trabou i di bo salario;

- Usa tempu di trabou pa traha, no pa bai riba "medianan sosial" òf ta okupá ku bo telefòn mobil;

- Si tin problema na kas òf den bo bida privá, no laga esaki influensiá bo prestashon na trabou;

- No hasi redu i papia riba bo doño di trabou. Si e no ta trata bo korekto, hasi orashon p'e i buska otro trabou. Pero no drenta tou di hende ku ta papia malu. Dios ta mira;

- No kue kos di bo trabou bai kas kuné sin pèrmit di bo doño di trabou.

Sa kiko bo Funshon di Trabou ta Enserá i Hasi Esaki bon

Tin hende ta traha i ta hasi di tur un poko. Ora bo puntra nan pa deskribí nan funshon, nan no por pasobra esaki no ta kla pa nan. Ora bo tuma un trabou, e nombramentu di bo funshon mester ta kla den bo kontrato, anto kiko esaki ta enserá. Dikon? Pasobra e ora ei bo sa kua prestashon di trabou nan ta fèrwagt di bo. Asina bo doño di trabou tambe tin un norma a base di kua e por evaluá bo prestashon. Unabes bo sa kiko ta bo tareanan, hasi nan ku ekselensia. Sea proaktivo; si tin lugá pa ideanan nobo òf si bo tin mester di un reto, trese esaki dilanti. Sea sigur di bo mes i diligente pa hasi asta mas ku ta skirbí komo bo tarea di trabou. Lo bo wòrdu rekompensá pa esaki.

Tin algun funshon ku no tin deskripshon di trabou. Den e kaso ei bo doño di trabou ta bisa bo kiko bo tin ku hasi. Trata na kumpli ku esaki mas mihó posibel, pa e ta kontentu ku bo prestashon. Ounke ku kisas bo no ta kontentu ku e salario ku bo tin, traha bo trabou tòg ku ekselensia. Si bo ta traha ku kliente, trata bo kliente bon pa e por bini bèk i asina bo tin trabou sigur. Maske ku bo doño di trabou òf bo hefe direkto no ta den bo besindario pa wak kon bo ta traha, tòg bo tin ku sigui traha ku e mes ánimo.

> "Hasi tur kos di henter boso kurason, komo si fuera ta pa Señor boso ta traha i no pa hende. Kòrda ku e ora ei Señor lo rekompensá boso ku e benefisionan ku E tin wardá pa su pueblo. Pasobra boso ta den servisio di Kristu ku ta boso Doño.
> Es ku hasi malu, malu ta pé."
> (Kolosensenan 3:23-25).

Kon bo ta Trata ku bo Finansa?

Sèn ta un moneda legal, ku ta rekonosé i aseptá tur kaminda. Bo por mira sèn tambe komo un medio di kambio.

Bo ta duna sèn i bo ta haña algu bèk p'é. Esaki bo ta yama kumpra i lo kontrario ta bende. Bo ta duna òf hasi algu (servisio) i bo ta haña sèn pa esaki.

Awendia bo no por hasi hopi sin sèn. Kasi tur kos ta kosta sèn. Ta p'esei tur hende ke tin sèn pa pasa dor di bida un tiki mas fásil. Mi a tende hende bisa ku sèn tin poder. Bo por kumpra kasi tur kos ku bo tin gana di djé, liber di bo salú.

Ta algu robes pa un hende tin hopi sèn?

Nò, no ta robes pa un hende tin hopi sèn. Sí, bo tin ku mira pa e sèn no bira bo ídolo. Pa e sèn no haña e promé lugá den bo kurason. Pasobra amor pa sèn ta rais di tur sorto di maldat. Manera: hòrtamentu, ladronisia, matamentu, problemanan matrimonial, engaño, trafikashon di droga, etc. Tin hende ku ta hasi tur kos (bon i malu) pa nan por yega na sèn. Ora ku un hende no ta satisfecho pa gana sèn na un manera desente i honrado (traha), e ta bai ofer na hasi maldat pa asina e por haña sèn. E ta bira egoista i egoséntriko, pasobra no ta import'é si e ta hasi otronan su víktima pa e por yega na e sèn. Ta bai pa ami, ami, ami i mas, mas i mas.

Por yega na sèn tambe dor di herensia di un famia djaserka òf dor di hasi un fiansa serka un instansia òf un persona. Tin hende ku ta fia sèn aki i aya i fin di luna ora nan risibí nan salario, mas ku mitar di e salario ta bai bèk na paga debenan di fiansa na otronan. Bo ta komprondé sí, ku un hende no por biba drechi ku solamente un tersera parti di un salario? Konsekuensia lo ta ku e persona aki ta bolbe bai fia sèn pa e pasa dor di luna kuné. Asina e hende ta keda den un sírkulo visioso di fiansa i debe.

Otronan ta yega na sèn dor di hunga wega di plaka, partisipá na loteria, prostitushon òf dor di bende droga. Esakinan por bira un forma di adikshon. Hendenan ta bai purba un biaha mas pa wak ku e biaha aki sí nan tin suerte di gana sèn. E tentashon ta pa biba na grandi, miéntras no tin e moda pa hasi esaki. Ku e konsekuensia ku ta bai fia sèn òf kumpra kos dor di hasi uso di 'credit card' òf bòn di krédito. Tur esaki ta rasonnan pa kua hendenan tin hopi debe awendia.

Kon por sali for di Debe?

Debe ta ora ku bo mester paga un sèn bèk na un hende òf instansha, anto (dor di diferente motibu) bo no ta/ por pag'é unbes. Tin biaha bo por drenta un areglo di pago pa paga poko poko.

Pa sali for di debe, kuminsá stòp di fia sèn, stòp di hasi uso di 'credit card', stòp di hasi uso di bòn di krédito i dominá bo mes.

Skohe konsientemente pa bo mes, ku bo no ta bai hasi debe mas. Traha un plan pa bo hèndel e debenan koriente ku bo tin, dor di paga bèk tur luna un sierto montante i siña biba ku loke ku bo tin. Ta mihó pa biba di loke ku bo tin, ku ketu bai ke mas i mas. Habri un kuenta di spar i regularmente pone algu riba e kuenta ei. Si bo tin sèn di spar, bo no tin nodi di fia sèn òf hasi debe.

> "Hende ku spar sèn poko poko ta bira riku"
> (Proverbio 13:11b).

Ora bo tin mester di algu ònferwagt, bo tin e sèn di spar kaba. Por ehèmpel si ònferwagt bo mashin di laba paña a daña. Bo no mester bai den debe.

Tambe bo por plania di bai hasi algun kos i spar pa esakinan. Por ehèmpel si bo ke bai ku vakashon ku henter famia. Òf si bo ke kumpra un outo òf traha un kas. Nos a traha nos kas ku e grasia i ku e forsa di Dios, sin hipotek!

Ami ku mi kasá tabatin un meta nos dilanti i nos tur dos tabata pará 100% tras di esaki. Esaki tabata pa traha un kas. Durante di añanan nos a spar serio pa logra nos meta.

Promé nos a kumpra un tereno den un plan di parselashon i algun aña despues nos a laga traha un kas rasonabel. Sin a fia niun sèn! Nos ta duna tur honor i gloria na Señor Dios ku a hasi esaki posibel. Pues asina bo ta mira ku sí ta posibel pa spar sèn pa e loke ku bo tin mester i pa loke ku bo ke bai hasi. Mi ta komprondé si ku tin biaha tin kasonan ku bo no ta den e oportunidat pa spar un montante grandi i ku tòg bo tin mester di e sèn ei. Den un kaso asina bo ta bai tuma un hipotek òf fiansa na un banko. Pero si bo tin ku pèrkurá pa bo no tin mas debe òf hasi mas debe banda di e hipotek òf fiansa ei.

Ta Posibel pa Biba sin Debe?

Si, esei ta posibel! Ata aki algun tep pa por gasta ménos sèn i asina no tin nodi di bai hasi debe:

- Ora bo ta bai hasi kompra na supermerkado, ta bon pa bo tin un lista di kompra, esei ta pa evitá ku bo ta kumpra kos di mas òf kosnan innesesario. Hasi un distinshon entre loke realmente bo tin mester i loke bo tin gana di djé. Si bo ke saka ménos sèn, bo tin ku kumpra solamente loke bo tin mester;

- No hasi kompra ora bo tin hamber, pasobra e ora ei bo ta bai kumpra hopi kos dushi (innesesario) ku normalmente lo bo no a kumpra;

- Evitá di bai kome hopi afó òf di kumpra kuminda tur dia na 'fast food' òf na trùk. Hasi un kustumber di kushiná na kas. Bo por improvisá pa hasi komementu na kas tòg agradabel. E ora ei bo sa kiko bo ta kome!

- No (bai) fiesta hopi. Ta OK pa de bes en kuando bo tin plaser, pero no laga esaki bira un kustumber. Korementu di paranda ta kosta sèn!

> "Hende ku gusta plaser lo bira pober;
> es ku gusta paranda lo no bira riku nunka"
> (Proverbionan 21:17).

Mas konseho pa bon maneho di Finansa

Improvisá kos dushi i bon pa hasi ku no ta kosta hopi sèn:

- Komo mayor, si boso ke bai wak sine ku e muchanan, lo ta bon si boso kalkulá e gastunan pa esaki for di adelantá. Bai sine por sali karu. Por bai riba e dianan ku dos hende por drenta ku preis di un. Lo por saka ménos sèn si bo bai ku algu chikitu di kome for di kas. Tempu ku nos tabata biba na Hulanda i mi yu hòmber tabata mas chikí, nos tabata bai sine diferente biaha. Nos tabata bai promé ku 12'or, pasobra e ora ei e entrada tabata mas barata. Anto tur biaha mi tabata bai ku algu chikitu di kome i bebe for di kas. Mi tabata kumpra solamente un saku chikí di pòpkòrn p'e. Pasobra bo mes sa, mucha gusta kome pòpkòrn ora nan ta wak sine;

- Evitá di partisipá na tur kos ku bini na moda. Ta bon pa praktiká dominio propio i bisa nò. Por ehèmpel, sea kontentu ku un telefòn mobil simpel. No mester bai den debe pa bo tin e telefòn mobil di mas karu, pasobra bo amigunan tambe tin e. Kòrda ku ta poko poko bo ta traha pa bo bai dilanti den bida. Wak kiko por i kiko no por!

- Tur luna traha un presupuesto. Den esaki bo por skirbi bo entrada i bo gastunan di tur luna. Despues di algun luna bo por evaluá i nota na kiko i kon bo ta gasta bo sèn i asina tuma medidanan pa gasta ménos sèn. Wak na kiko lo bo por saka ménos sèn òf kiko bo no tin mester;

- Si bo tin debe, ta bon pa buska konseho serka un eksperto òf 'coach finansiero' pa e yuda bo traha un plan pa trata e pagamentu bèk di bo debenan. Ami ta un 'coach' ku a yega di yuda hopi hende den e kaso aki;

- Unabes bo sali for di bo debenan, trata ku sabiduria ku bo entrada i wak bon kon i na kiko bo ta gasta bo sèn;

- Evitá mas tantu ku bo por uso di tarheta di krédito. Pa motibu di e interes haltu ku tin ku paga riba e saldo òf debe habrí;

- Si bo tin plan di kumpra algu, spar pa esaki i paga kèsh. E ora ei lo bo por risibí asta un deskuento riba e suma total. Si bo ta kumpra kos hasiendo uso di bòn di krédito pa paga den un término di dies (10) luna, lo bo ripará na e último término di pago, ku bo a paga 40 te 50% mas tantu ku e preis original;

- Kumpra ménos bibida alkohóliko i ménos sigaria;

Ta trata di: wak bon na kiko bo ta gasta bo sèn (pidi Señor Dios pa sabiduria).

Si bo tin un idea pa gana sèn èkstra, pone bo pa hasié i tuma e akshonnan nesesario pa bo kuminsá. No keda posponé e plan ku bo tin, pasobra tempu ta pasa bai hopi lihé.

Kiko por Hasi pa Gana Sèn Èkstra?

- Hasi un trabou èkstra òf kuminsá praktiká algu riba bo mes. Pensa riba kiko bo ta haña dushi pa hasi algun ora èkstra pa dia òf pa siman. Si ta nesesario, bo por tuma un kurso rápido di e kos ku bo ta gusta hasi. Ken sa, kisas bo por krese den e práktika aki i despues bo por lanta bo mes negoshi;

- Hasi uso di bo talentonan pa traha algu (p.e. kos dushi) i bende esakinan;

- Si bo tin un hòbi i bo ta ehersé na bienestar di otronan, ta bon si bo por pidi algu di sèn pa esaki;

- Si bo ta bon den un materia, spòrt òf músika, bo por duna lès adishonal òf entrenamentu na muchanan i / òf na hende grandi. I bo por kobra nan algu pa esaki;

- Invertí bo sèn den tera fértil. Duna na hende pober i den nesesidat. Duna na trabounan pa sostené reino di Dios (pa plama e bon notisia). Na e prinsipio divino di duna tin un promesa mará na djé:

> "Duna i Dios lo duna boso; un bon midí, bon primí, bon sakudí, ku ta basha ofer, lo kai den boso skochi. Pasobra ku e midí ku boso midi otro hende, ku e mesun midí ei Dios lo midi boso"
> (Lukas 6:38).

Felis i Eksitoso

Si bo ke ta felis i eksitoso den bo trabou i finansa bo mester kuminsá na hasi bo máksimo esfuerso pa bo kaba un estudio ku éksito. Ora ku bo kuminsá traha, sea kontentu i orguyoso di bo trabou i hasi bo trabou ku ekselensia pa bo hefe i Dios ta kontentu ku bo prestashon. Hasi tur loke ta di bo parti pa tin un bon ambiente na trabou, dor di yuda bo koleganan i no partisipá na loke ta trese divishon (redu). Siña manehá bo finansas bon i no hasi debe. Biba for di e sèn ku bo tin i dominá bo mes i wak bon na kiko bo ta gasta bo sèn. Pidi Dios pa sabiduria den esaki!

Preguntanan Kapítulo 2

1. Pa bo por studia konsentrá, ta bon pa bo mantené un plan di estudio.
   Kiko pa abo ta importante pa pone den bo plan di estudio?

2. Ora bo kaba ku bo estudio, bo ke bai traha.
   Kon bo ta haña un bon trahadó tin ku komportá su mes na trabou?

3. Di kon ta importante pa bo komprondé bo funshon di trabou bon?

4. Ora bo traha bo ta risibí un salario fin di luna òf pa kinsena.
   Kon lo bo trata ku bo finansas di manera ku bo sèn por wanta henter luna òf henter e kinsena?

5. Si bo ta den debe (dor ku bo a fia sèn), splika kon bo tin ku hasi pa bo sali for di e debe.

6. Unabes ku bo a sali for di debe, kon bo tin ku hasi pa bo no bolbe kai den debe?

7. Pa bo keda biba felis i trankil sin hasi debe, lo ta bon si bo por hasi algu pa gana un sèn èkstra.
   Kiko asina abo lo por hasi pa gana un sèn èkstra?

Kapítulo 3
Dominio Propio

Dominio propio ta ora ku hende por dominá i kontrolá su mes. E por tene emoshonnan, sentimentunan i situashonnan ku e haña su mes aden, bou di kòntròl. E ta un hende sigur di su mes i ta sinti su mes felis di ta asina.

No laga hende gaña bo, provoká bo pa bisa òf hasi kosnan ku normalmente lo bo no a hasi ni bisa.

Dominio propio ta un don di Dios. E ta un fruta di Spiritu Santu. Mas pegá bo relashon ta ku Señor Hesus, mas bo ta laga Spiritu Santu guiá bo, mas mihó bo por kontrolá i dominá bo mes. Un hende ku ta yená ku Spiritu Santu, tin algu èkstra (poder di Dios) pa e por dominá su mes. Bo ta mas mihó kapasitá pa resistí kontra atake i influensianan di otro hende. Ora bo haña bo den situashonnan kaminda ta difísil pa bisa nò, ku e don (òf fruta di Spiritu Santu) di dominio propio, tòg bo por bisa nò. Por ehèmpel si bo ta gusta bolo di chukulati i bo a disidí di no kome kos dushi pa un par di siman, komo ku bo ta na dieta pa baha peso. Yùist den e simannan ei tin un hende ku a hasi aña na bo trabou òf skol i ta trit bolo di chukulati. Kiko lo bo hasi? Pone dominio propio den práktika i bisa "nò, danki"! Pasobra bo tin un meta ku bo a pone bo dilanti, esta pa baha algun kilo. Esaki tambe ta duna bo e motivashon pa por bisa nò.

Òf bo por haña bo den un otro situashon kaminda un hende ta gaña algu riba bo. Ora ku bo a haña sa esei, bo a bira hopi rabiá i bo ker a dal e persona ei un bòftá. Pero algu a tene bo pa bo no hasié. Esei ta dominio propio. Ta mihó pa laga e persona ei den man di Dios; Ta É ta bo hustisia. E lo regla kuenta ku e persona ei. Sabi esaki, Dios lo regla kuenta kuné na e manera di mas mihó i di mas korekto i hasi hustisia na bo.

> "Manera un siudat sin muraya i eksponé
> na peliger, asina t'e hende ku
> no por dominá su mes"
> (Proverbionan 25:28)

Ora un siudat ta sin muraya, e no tin protekshon. Tur hende i tur kos di pafó por drenta paden i vise vèrsa. Tur kos di pafó por bin influensi'é i atak'é. E ta pará habrí pa tur kos, tambe pa e kosnan malu i peligroso. Un hende ku no por dominá su mes, ta dispuesto pa tuma parti na tur kos, e no tin límite. E ta dal bai numa! Un hende asina por hañ'é den situashonnan fèrfelu ku otronan. E ta papia kos i aktua sin pensa, ku tur e konsekuensianan, manera: "Lamento, mal komunikashon, rabiamentu, disgustu, deseo pa bringa i otro hendenan no ke tin nada di hasi kuné.

Dominio Propio den Práktika

Ta bon pa bo konosé bo mes bon. Sa kiko bo por wanta i kiko nò. Konosé e partinan suak i esunnan fuerte di bo karákter. Sa kon trata ku bo mes emoshonnan i sentimentunan i ku esnan di otronan: Nan ta yama esaki ku un palabra nèchi "inteligensia emoshonal."

Ora bo haña bo den un situashon, ku ta provoká bo pa hasi algu ku ta kontra di e Palabra di Dios òf kontra bo propio boluntat i prinsipio, ta mihó pa bo hala kita. Kore bai pa bo no kai òf no entregá bo mes na piká. Mi ta kòrda riba e historia di José i e kasá di Potifar. E señora akí kier a bai drumi ku José, pero el a ninga. José no a keda bira bira einan i papia ku e muhé. E no a pensa den su mes: "Ai ami ta fuerte, mi sa kiko mi ta hasi." (Ken sa, den e kaso ei e muhé por a papia ku José òf sedusié pa tòg e bai drumi kuné.) Al kontrario, José a sali kore bai. E Palabra ta bisa: "Esun ku ta kere ku e ta fuerte, mester tene kuidou pa e no kai."

Keda ketu tambe ta un manera di pone dominio propio den práktika. Ta konsehabel keda ketu. Por ehèmpel den un situashon kaminda e otro persona ta rabiá i ke buska nos pleitu. Esun ku ta dominá e situashon, lo keda ketu. Asina e ta demostrá ku e ta emoshonalmente inteligente.

Keda ketu ta oro, papia ta plata!

Tambe por keda ketu i hasi orashon pa e persona en kestion òf pa e situashon. Pa Señor Dios yuda den e situashon ei.

Ku dominio propio bo por logra hopi den bida. Lo bo ta mas plasentero pa otronan anda kuné. Otronan lo haña dushi pa por komuniká òf traha huntu ku bo. Praktiká dominio propio dor di tene pasenshi i warda na lugá di rabia lihé òf di ta intrankil. Sa ku Señor Dios ta den kòntròl.

Dominio propio ta algu ku un hende tin ku keda praktiká, pa e por krese mas i mas den djé.

Dominio Propio den Bida Seksual

Sèks ta algu ku Señor Dios a krea pa ta masha bunita entre hòmber i muhé den matrimonio. Ta un manera ku nan por ekspresá nan amor na otro, gosa di otro i ku otro den matrimonio, den un ambiente protehá, liber i sin límite. Nan ta bira un karni, un kurpa. Den e forma aki tambe nan por traha yu i e yu ta nase den un famia.

Fornikashon tin di aber ku tur inmoralidat. Tur loke ku ta kontra e moral ku Dios a duna den su Palabra. Entre otro tene relashon seksual promé ku matrimonio. Adulterio ta ora un partner no ta fiel na ku kasá. Por pasa ku bo ta bai demasiado leu den e freimentu i lanta sierto sentimentu ku bo no por dominá. Bo ke sigui disfrutá bai loke ta bira e sèks. Esei ta un bon ehèmpel kon falta di dominio propio por hinka hende den problema, ku hopi konsekuensia desastroso. E mucha hòmber por bisa, mi ta kana prepará i tin un kondon pa por si akaso. Òf e dama ta bisa mi ta usa píldora antikonseptivo. Si boso ta aktivo seksualmente sin ta kasá, ta mihó pa boso tuma prekoushon pa evitá un yu indeseá di nase, boso ainda no ta kla pa risibí e kriatura aki riba mundu. Tin biaha e relashon amoroso ta kibra i despues bo ta bolbe konosé un otro "peiki" òf un otro "papi" i ta masha enamorá atrobe i ta bolbe tene relashon seksual ku e partner ei.

Ki ora ku bo tin relashon seksual ku un hende, boso ta bira un kurpa ku otro. Pa despues di un par di luna òf aña bolbe kibra i despues drenta ku un otro. E sèks ta para bira manera un wega i algu sin balor.

Awendia a bira masha normal ku hóbennan ta hasi sèks ku otro. Tin ta hasi sèks djis pasobra a gusta un hende i ta hañ'é 'great'. Otro ta hasi sèks pasobra nan tambe ke sa ta kiko e kos ei ta. Dor ku nan a tende ku ta algu hopi dushi, pues nan tambe ke bai purb'é.

Bo ta hasi sèks pasobra tur bo amigunan òf amiganan tambe ta hasié, pues abo no ke keda atras? Ya bo tambe tin kos di bisa ora den grupo boso ta papia di sèks? Òf abo ku bo frei ta asina enamorá di otro ku boso no por warda te ora boso kasa, pues boso ta dal bai numa ku sèks? Ta mihó pa bo apstené.

Bo sa kuantu hóben ta haña duele despues ku nan a kaba di entregá nan mes (seksualmente) na un otro i e relashon a kibra despues pa sierto motibu? Antó ora nan bin konosé e amor berdadero ku sí ta balorá nan i ke kasa ku nan, no tin nada mas spesial pa nan dun'é, pasobra ya nan a entregu'é kaba na un amigu den pasado. Ta p'esei Palabra di Dios ta bisa:

> "...no lanta stimashon, no probok'é, promé ku e mes ke tum'aden."
> Kanto di tur kanto 2:7

Ora ku bo ta un hóben ku ta bai skol òf ta sigui un estudio avansá, ta bon pa bo tin amigu i amiga só, sin tin nada serio ku sunchimentu pashoná, mishimentu na kurpa etc. Pasobra esakinan ta lanta sentimentunan ku bo no por kontrolá i despues bo por bin lamentá!

Kon por Evitá di Hasi Sèks Promé ku Kasa?

Ora ku boso ta hóben i ainda no tin plan pa kasa, ta bon pa boso ta okupá ku kosnan positivo. Rekreo manera deporte, subi seru, sali den grupo i hasi algu agradabel, praktiká un hòbi, sigui un kurso di algu òf studia un profeshon. Pa evitá ku boso ta bai fiha riba otro i boso sentimentunan pa otro. Lo bo sintí bo felis i orguyoso di bo mes, ora ku bo a warda e kos di mas spesial ku bo tin pa bo entregu'é na bo kasá!

Aki mi ta duna bo algun tep kon pa evitá sèks promé ku bo kasa:
- Evitá di tin relashonnan amoroso ku otro, preferibel djis amistat só. Kombersá hopi ku otro, tene man di otro i un sunchi na kara;

- No partisipá na aktividatnan ku ta lanta bosnan pashon. Manera brasamentu largu ku sunchi pashoná, bailamentu primí ku otro, wak porno i ta bai bosnan só na un lugá apartá òf sukú;

- Djis traha un kombenio ku otro: "Nos no ta hasi sèks promé ku nos kasa." Anto keda kòrda otro esaki ora bo ripará ku un di boso ta hasi manera el a lubidá e kombenio;

- Ora ku boso tur dos ta sigur ku boso ta stima otro i ke sigui den bida ku otro, boso ta komprometé ku otro i pone un fecha pa boso kasa.

Planea e kasamentu trankil, kabes friu. Pensa riba ken ta bai traha? Ken ta paga e kuentanan di luna? Unda boso lo biba? Bo por lesa mas di esaki den e kapítulo: "Kasamentu algu serio."

E Konsekuensianan di Fornikashon

Dios su plan pa hende ta perfekto. I si E ta bisa den su Palabra pa no hasi sèks promé ku bo kasa, ta pasobra E sa ta dikon. Dios ta stima bo i E ke pa bo ta felis i ke warda bo di hopi lamento. Ora ku bo hasi sèks promé ku bo kasa, loke ta piká den bista di Dios, tur biaha ta sigui kosnan ku bo ta bai haña duele di dje. Por ehèmpel:

- Bo por haña duele di bo mes òf rabia riba bo mes pasobra bo ta haña ku bo a hasi un kos di bobo, dor di a entregá bo mes na tal persona. Den e kaso aki bo mester pordoná bo mes i laga lòs i sigui ku bo bida;

- Bo por haña rabia riba e otro persona, komo ku bo ta

haña ku el a abusá di bo i gaña bo yen kos djis pa bo hasi sèks kuné. Den e kaso akí bo tin ku pordoná e persona, laga lòs i sigui ku bo bida;

- Bo por haña bo ta bira un mama soltera òf un tata hóben. Un yu inosente ta nase sin ku esaki tabata deseá riba e mundu akí;

- Bo por haña malesanan venériko;

- Bo por haña bo fòrsá den un matrimonio sin ku bo tabata ke i sin ku bo ta prepará pa esaki;

- Si bo bira un mama soltera na un edat hóben, bo tin un kriatura ku bo tin ku sòru p´e, na lugá di gosa di bo hubentut sin tin preokupashon di yu;

- Dor di tene relashon seksual ku un persona ku no ta bo kasá, por pasa ku bo ta kere ku e persona ei ta bira di bo. E sentimentu di yalurs ta lanta ora ku bo mira bo (èks) pareha den un situashon íntimo ku un otro persona. Tin biaha e sentimentu di yalurs por bin kulminá den bringamentu i asta matamentu;

- Sa sosodé ku un mucha muhé ta entregá su mes seksualmente na un mucha hòmber, keriendo ku si e hasi esaki e mucha hòmber lo keda kuné. Òf e mucha muhé ta asta sali na estado, laga e yu nase keriendo ku asina e por tene e mucha hòmber serka djé. Wèl mi amiga, no gaña bo mes; si e mucha hòmber ke bai laga bo, lo e bai laga bo tòg, maske kon bo a trata di ten'é serka bo.

Un konseho ku mi por duna abo hóben ta: "Warda bo dignidat te ora ku bo kasa!

Laga nan yama bo kèns òf chapo. Si un mucha hòmber bisa bo ku si bo ta stim´é, bo ta lagu´é hasié. Òf si bo no lagu´é hasié, e ta bai laga bo i bai hasié ku bo amiga. Mi dushi, lagu´é bai numa. Dios ta stima bo i E tin algu mihó pa bo! Si un mucha hòmber ke bo bon, e no ta pone preshon riba bo, ni e no ta menasá bo pa e keda ku bo. Hopi biaha ora ku e kaba di haña loke ku e tabata ke, bo no ta interesante mas p'é i e ta baha bai laga bo.

Abo mucha hòmber, no laga e damita karisiá bo muchu na bo kurpa i tin biaha te asta pidi bo pa hasi sèks kuné. Sea fuerte i balente, kita e damita su man for di bo kurpa, bisa nò i hala kita. Lagu'é yama bo "Marietje" numa. Un mucha muhé desente ku tin balor propio, no ta buska un hòmber di e manera ei. Abo mantené bo prinsipio si bo tin. Kisas ora bo ta lesa e pida delaster aki bo ta hari i bisa: "Kiko? Un muhé ta buska mi, pidi mi sèks i mi ta bisa nò"? Bo ta kere ku ora bo tuma aden kuné bo ta mustr'é bo hombresa? Ta nèt kontrali; ora bo kai pa e damita aki bo ta laga mira kon débil bo ta i bo no ta konfiabel!

E konsehonan ku bo a kaba di lesa ta eksigí hopi dominio propio. Mi sa ku e konsehonan ku media, amigunan i asta mayornan i sernan kerí ta duna bo, por ta kontrario di loke e buki aki ta konsehá bo. Kòrda ku bo ta fuerte i bo por hasi loke abo ta haña ta korekto. Tambe, no lubidá ku dominio propio ta disponibel serka Spiritu Santu. PidiÉ pa E yuda bo i kontrolá bo!

Un Mama Soltera

Ora ku bo ta un mama soltera ta nifiká ku abo só tin ku kria bo yu den kas. E tata di e yu no ta huntu ku bo den kas. Tin diferente kousa ku bo por bira un mama soltera. Kisas bo esposo a muri i bo a keda bo só ku e yunan. Kisas bo tabata kasá i bo a divorsiá. Kisas abo ku ta mama a kohe e yu i baha bai laga e tata. Kisas bo a haña yu sin tabata kasá. Òf bo mes a disidí ku bo ke ta un mama soltera i bo a drenta ku un hòmber djis pa bo tin un yu, pasobra bo edat ta subiendo i bo tin gana di ta mama. I bo ta sinti bo sufisiente tòf ku bo só por kria i eduká bo yu!

Esaki ta un reto hopi formal pero no imposibel. Den situashon normal bida ta un tiki mas duru pa un mama soltero, kompará ku e mama ku ta lanta su yu huntu ku e tata den kas. Ora ku nan ta dos (mama i tata) den kas, nan por sostené i yuda otro den edukashon di e yu. Komo mama soltero abo ta e promé responsabel pa tuma tur desishon tokante di bo yu. Pero tin speransa!

Den kualke situashon, ménos agradabel, ku bo por haña bo aden, tin speransa ku bo por sali for di djé. Dependé di bo mes, kon bo ta komportá den e situashon, ta determiná kon largu i kon pisá e situashon por ta pa bo. Si bo keda lamentá komo mama soltera (no deseá), por ehèmpel dor di tira falta riba tata di e yu, keda zundr'é, papia malu di djé, bo ta keda pegá

Di otro un banda si bo mira e situashon manera ku e ta i aseptá esaki, mentalmente bo ta prepará pa sali for di e situashon ku no ta agradabel. Si bo esposo a muri i laga bo só ku e yunan, naturalmente bo ta haña bo den un periodo di luto.

Pero bo no por keda den luto pa semper! Si bo kasá a bai laga bo só atras ku e yunan, tambe bo ta den un periodo di lamento. Pero no keda lamentá pa semper! Si bo a haña yu sin tabata kasá i despues e tata di e yu no ke atendé ku bo mas, tambe bo ta den un periodo di lamento i desapunto, pero no pa semper! Importante ta ku bo ta aseptá e realidat di bida, hisa bo kabes ariba, laga lòs i sigui pa dilanti pasobra bida ta sigui i bo yu tin mester di bo! Si ta abo mes komo mama a disidí di baha bai ku e yu, laga e tata su só, pa un òf otro motibu, tambe bo tin un periodo ku bo tin ku pasa aden pa bo por lanta kabes atrobe.

 Mamanan soltero hopi biaha ta haña yudansa di mama, wela, tanchi òf ruman ku ta kla pará pa yuda nan ku e yu. Pèrmití e tata di tin kontakto ku su yu. E yu mester tin un relashon ku su tata.

 Si bo ta un mama soltero hóben, buska yudansa di un trahadó sosial ku por duna bo guia i konseho pa bo por sigui pa dilanti den bida. Importante ta pa bo kaba ku bo estudio pa despues haña un trabou. Buska yudansa spiritual. Ta bon pa bo aseptá Kristu Hesus den bo kurason komo bo Salbador personal!

 Buska un Beibel pa bo lesa i tuma e Palabra di Dios komo un guia di bida.

> "Bo Palabra ta un lampi pa mi pia,
> un lus riba mi kaminda."
> Salmo 119:105.

E Palabra di Dios, si bo komprond'é i aplik'é den bo bida, lo bo no bolbe kai den piká. Ta bon ku bo tin amiganan ku ta biba segun e Palabra di Dios pa asina bo por kòmbersá ku nan i sa kon nan ta dil ku sierto kosnan di bida ku hóbennan sa haña nan aden. Bo por bai iglesia huntu ku bo amiganan òf asistí na sirbishinan di hubentut na iglesia huntu ku nan i asina por krese spiritualmente.
Pasobra bo bida mester ta den balansa: sosial, skol-trabou i spiritual.

Un Tata (hóben) Soltero

Bo ta sinti bo tòf ku ya bo tin un yu na un edat hóben? Òf bo tin duele ku pa motibu di un fayo bo a bira un tata hóben? Echo ta ku bo ta un tata hóben i awor?

Awor bo tin ku karga e responsabilidatnan di un tata. Kual por ta pisá pa un hóben, ku kisas ainda ta bai skol. Un kriatura inosente ta bai nase òf a nase kaba i e tin mester di kuido i kariño di su mama i su tata. Komo tata bo tin e responsabilidat di kria bo yu.

Si bo ta bai skol, ta bon pa bo sigui bai skol i buska un djòp pa bo tin un entrada (sèn) pa bo por duna e yu di kome, di bebe, di bisti i tur otro kos ku e tin mester. Si e yu no ta huntu ku bo, kòrda bai buska su drechi pa asina bo por krea un bon relashon ku bo yu. Buska kontakto ku e mama pa motibu di e yu. Ofresé bo mes pa yuda e mama ku e yu kaminda e mama tin mester di yudansa. Durante e tempu ku bo ta pasa ku bo yu, trata pa bo tin "quality time" ku e yu. Kombersá hopi ku e mucha, hasi wega kuné, pa e haña konfiansa den su tata. Dun'é un bon ehèmpel pa e por sigui. Hib'é bai hasi deporte. Hasi esfuerso pa bo t'ei ora ku e yu tin mester di bo. Siña bo yu balornan di bida i kon ta hasi orashon. Ta bon ku bo mes ta na altura di e balornan di bida i ku bo mes tambe por hasi orashon. Pa hasi esaki bo mester konosé e Palabra di Dios i praktiká esaki. Habri bo kurason pa Kristu Hesus i traha riba e parti spiritual di bo bida.

Buska un iglesia pa bo bai, i partisipá na aktividatnan ku tin den iglesia pa bo por siña konosé otro hóbennan i krese spiritualmente. Ora ku bo ta bai iglesia, de bes en kuando bo por buska bo yu pa bai iglesia kuné. Einan e por asistí na "skol di djadumingu" i haña siñansa bíbliko pa mucha.

Maske ku bo ta un tata hóben, bo ta keda un tata ku tin ku kumpli ku su responsabilidatnan!

Soltera(o), sin kasá

Ainda bo no a topa e persona korekto, ku den bo bista ta esun ku bo tin ku kasa kuné? Òf kisas bo mes a disidí ku bo no ke kompartí bida ku ningun hende, bo ke biba bo só?

Mayoria biaha ora bo ta só bo ke kasa, pasobra bo ke un kompaño pa bo pasa dor di bida kuné. Bo ke sinti bo stimá i mimá dor di un otro, bo ke tene relashon seksual, bo ke forma un famia etc. Loke ta masha normal. Pero mi tin ku bisa bo si, ku bo no mester drenta matrimonio sperando ku bo partner ta bai hasi bo bida felis. Bo por wòrdu defroudá si resultá ku no ta asina. Bo mester ta un hende felis di bo mes, promé ku bo kasa!

Si te ainda Señor a permití pa bo ta soltero, disfrutá di e tempu i buska bo forsa den Señor, bo Kreador. Traha riba un relashon íntimo ku Hesus. Asina bo no ta bai drenta un relashon ku un hende pa e yena un bashí den bo bida. Bo por ta físikamente bo só, pero no solitario. Laga Hesus ta e amor di bo alma. Siña stima bo Dios, stima bo mes i asina bo por stima e otro persona ku drenta bo bida.

Komo soltero bo no tin e preokupashon di kasá ni di yu. Bo tin tur tempu pa bo entretené bo mes ku un estudio, hasi deporte, hasi kosnan ku bo gusta, spar sèn i desaroyá bo mes spiritualmente. Bo mes por malkriá bo mes i no sinta warda ni stèns pa otro hende tin ku malkriá bo. Resa pidi Dios pa duna bo un bon amiga(u), asina bo tin un hende ku bo por sali kuné de bes en kuando i kombersá algu kuné. Traha riba bo identidat i ser e persona ku bo a wòrdu kreá pa ta.

E echo ku bo ta un soltera(o) no ta nifiká ku bo ta ménos ku esun ku ta kasá. Dios ta stima tur hende mesun kos. Sòru pa bo tin estímulo propio positivo i laga hende mira ku bo ta un persona sigur di bo mes, stabil i ku bo sa kiko bo ke. Abo ta mustra un hende kon e tin ku trata bo, na e manera ku bo ta trata ku bo mes.

E periodo di soltero tin biaha ta sirbi pa bo kurason i emoshon wòrdu saná i pa bo mente wòrdu resfreská. Den kaso ku bo tabatin un relashon den pasado ku a kibra. Bo por usa e periodo di soltero tambe pa bo yuda òf sirbi otro hende ku ta den nesesidat. Di un forma boluntario.

No ta algu lamentabel e echo ku bo ta soltero; bo por gosa i sinti bo felis den tur tempu di bo bida.

"Tur kos tin su ora i su tempu, tur kos aki na mundo" (Predikador 3:1).

Felis i Eksitoso

Bo lo sinti bo felis i eksitoso si bo por dominá bo mes i si bo por tene bo emoshon, sentimentu i situashonnan ku bo haña bo aden, bou di kontròl.
Ku dominio propio bo por logra hopi den bida. Lo bo ta mas plasentero pa otronan anda kuné. Otronan lo haña dushi pa por komuniká òf traha huntu ku bo. Ta bon pa bo konosé bo mes bon. Sa kiko bo por wanta i kiko nò. Konosé e partinan suak i esunnan fuerte di bo karákter. Mas pegá bo relashon ta ku Señor Hesus, mas bo ta laga Spiritu Santu guiá bo, mas mihó bo por kontrolá i dominá bo mes.

Preguntanan Kapítulo 3

1. Bo a yega di haña bo den situashon kaminda bo tin ku pone dominio propio den práktika? Splika esaki.

2. Fornikashon ta nifiká entre otro sèks promé ku matrimonio, loke ta piká den bista di Dios.

    a. Kiko ta bo opinion di hasi sèks promé ku kasa?

    b. Si bo ke evitá di hasi sèks promé ku matrimonio, kon lo bo por logra esaki?

3. a. Promé ku bo kometé fornikashon, bo a yega di para ketu i pensa kiko e konsekuensianan lo por ta?

    b. Menshoná kiko, segun bo, ta e konsekuensianan di fornikashon?

4. Ta un reto pa bo ta un mama soltera pasobra bo tin ku kria bo yu sin e tata huntu den kas.
Kon e mama soltera lo tin ku hasi pa e kria i eduká su yu pa e kriatura inosente ei no bin falta nada?
(Pensa kiko bo por hasi, ken bo por pidi yudansa.)

5. Kon e mama soltera hóben tin ku hasi pa e lanta ariba i kuminsá un bida nobo i eksitoso?

6. Kon e tata soltero hóben por logra di tòg ser un bon tata pa su yu? (Kiko e por hasi pa e yu?)

7. Kon e persona soltero por biba ku goso maske ku e no tin kasá ni yu?

Kapítulo 4
Amistat, Freimentu i Matrimonio

Duna un deskripshon kòrtiku di kiko bo ta komprondé bou di amistat.

Amistat ta ....
....
....
....

Pa ami, amistat ta un relashon ku bo ta forma ku un hende, basá riba konfiansa mutuo, amor, apresio, rèspèt i aseptashon. Bo tin mag di ta, manera bo ta. Serka un amiga òf amigu bo por konta tur bo historia, pasobra e tin un orea pa skucha. E ta un hende ku ta biba ku bo den bo situashon. Un ku ta hari ku bo ora bo ta kontentu i ta yora ku bo ora bo ta tristu.

Amistat

Ora bo ta deskurashá e ta papia ku bo i duna bo ánimo atrobe. Ora ku bo kai, e ta duna bo un man i trèk bo ariba. E ta hasi orashon ku bo òf pa bo. Ora ku bo no sa mas kiko hasi, e ta duna bo konseho. E ta kere den bo i e ta mira bo potensialnan, ku kisas abo mes no a ripará òf no ta na altura di djé.

Abo ta un amigu òf amiga asina pa un otro hende? Bo amigu òf amiga por konfirmá ku bo tin e karakterístikanan ariba menshoná? Un amistat asina ta kostoso i bo no por form'é ku tur hende.

Sea bo Mes

Pa bo haña amigu(a) òf amistat real i mantené e relashon, bo mester ta bo mes tur ora i tur kaminda. Si tur kaminda bo mustra di ta e mesun persona, e ora ei tur hende sa kon bo ta.

Por ehèmpel si den un grupo un hende menshoná algun forma di hasi di un persona, anto puntra pa rei ken e ke men, tur hende sa ku ta X- persona e ke men. Bo por rekonosé e persona ei dor di su karákter. Asina por ta ku un hende ta sintié atraé na un otro persona pa motibu di su karákter. Un hende por sintié atraé na otro pa motibu di su hòbi, su manera di bisti, su fe, su talento òf otro kos ku nan tur dos ta hasi meskos.

No ta tur ora bo ta haña un hende ku ta gusta lesa buki i ta biba den biblioteka, ta bon amigu ku un hende ku ta gusta festival di tumba di Karnaval i tur aña ta kumpra karchi for di dos luna delantá pa bai wak festival di tumba. Kada un di e personanan aki tin nan hòbi i nan personalidat. No ta fasil pa nan ta amigu. Nan ta gusta kosnan totalmente diferente.

Un hende ta skohe pa ta amigu ku un persona den ken e ta rekonosé algu di su mes. Einan e ta sintié bon.

Amabilidat

Danki Dios nos tur no ta meskos. Tur hende tin mag di ta su mes, manera Señor Dios a kre'é, segun e propósito òf meta ku E tin pa su bida. E bunita ta, ku siendo kende bo ta, ku tur bo fayonan, tòg bo por tin amigu(a). Un ku konosé bo manera bo ta, ku ta komprondé i aseptá bo, ku ta duna bo espasio pa bo por krese i madurá. I kaminda tin mester, duna bo un man pa yuda.

E mihó kualidat pa amistat ta ser amabel. Papia trankil, splika sosegá, tuma tempu pa yuda otro. No pensa malu di e otro te pa bo papia malu di djé. Si tin kos ku bo no ta gusta òf komprondé, sinta papia ku bo amigu(a) i puntra splikashon. Nunka zundra i pèrdè kòntròl. Sea amabel, duna atenshon ku un sonrisa. Hasi un sakrifisio pa e otro. Asina bo ta trein bo mes pa ta un bon amigu(a).

Amigu Berdadero

Un amigu(a) berdadero ta keda bo amigu(a) den tempu bon i den tempu malu.
Hustamente den tempunan difísil numa bo ta mira ken ta bo amigu(a) berdadero.
Un ehèmpel: "Bo tata a duna bo un straf pa bo limpia kurá di kas. Awor nèt bo bon amigu a bin bishitá bo i el a mira bo ta limpia kurá den solo ku tabata kima basta fuerte. E amigu akí ta duna bo un man pa yuda bo limpia kurá i asina ku bo por kaba mas lihé." Un amigu(a) berdadero ta keda fiel na bo i na e amistat i no ta laga bo na kaya, ora ku bo ta den un situashon ku a bira ménos bon.

> "Un amigu ta stima semper,
> un ruman t'ei pa tempu di berans"
> (Proverbionan 17:17).

Amigu Falsu

Tin algun hende ku ta yama nan mes amigu(a) pero asina e situashon den e relashon a kambia, lo bo por ripará ku e amigu tambe ta kambia. Un amigu falsu no ta dispuesto di sakrifiká nada pa bosnan amistat. Laga pasa ku bo no tin sèn mas pa manda trit manera bo tabata hasi ántes. Òf ku bo a bira malu i boso no por sigui hasi kosnan huntu mas manera ántes. Bo ta ripará ku poko poko pero sigur e amistat ta kaba. E ta bo amigu(a) tanten e por probechá di bo i ta laga kai ora e no tin nada mas di saka for di e amistat òf for di bo. Un persona asina bo no por konta kuné tur ora i e no ta di konfia.

Amistat Fiho - Frei

Si bo ta un hende ku ta pensa di tin un amistat fiho òf di bai kasa, ata aki un tep: "Kasa ku bo mihó amigu(a)." Pasobra ya bo a mira i a eksperenshá kaba kon e persona akí ta anda ku bo i ku otronan, kon e persona akí ta trata bo i ku e ta respetá bo. Si e ta un persona ku ta bisa ku e stima bo, e ta mustra esaki den práktika tambe.

Ta bon pa bo puntra bo mes:
- Dikon mi ke tin un relashon fiho ku e persona akí?
- Kiko mi ke logra huntu ku mi amigu(a)?

- Ta esaki ta e persona ku mi ke kasa kuné despues i forma un famia kuné?
- Mi ta kla pa kasa, mentalmente, emoshonalmente i finansieramente?
- Mi tin un futuru ku e hende aki? Pensa aki 1, 5, 10 aña. Pensa riba un kasá ku ta yuda bo, stima bosnan yunan, sinta yuda nan ku nan tareanan di skol, bai keiru huntu riba djadumingu, laba tayo, bai hasimentu di aña di bo mama huntu ku bo etc.
- Kiko mi tin di ofresé na e persona akí?
- Mi por bai bon ku su karákter?
- Kon nos lo pasa nos tempu liber huntu (hasi orashon, hasi deporte, lesa Beibel, hasi un hòbi, bai sine etc.)?
- Nos ta sinti nos bon di ta huntu ku otro i ta pasa prèt hopi biaha huntu?
- Nos sa tin algu di konta otro ku frekuensia?
- Nos por konfia otro?
- E relashon aki ta agregá algu na mi bida?
- Kiko mi famia ta bisa di dje?
- Mi amigu(a) ta aseptá mi manera mi ta?
- E relashon aki ta balansá? Nos tur dos ta stima otro?
- E ta kla pa hasi mi un fabor asta ora ta un kos difísil?
- Mi ta eksperensiá amor, atenshon, rèspèt i balor den nos relashon?
- Kon mi amigu(a) ta gasta su sèn? E ta trata bon ku su finansas?
- Mi a puntra Dios tokante di e persona aki? Kiko El a bisa mi?
- Nos tin e mesun fe kristian?

Si bo por kontestá e preguntanan akí positivo, bo ta riba e bon kaminda ora bo ta buska un relashon fiho pa kasa. Kòrda bon ku matrimonio ta pa bida largu.

Si bo ta un kreyente, e último pregunta ta hopi importante pa bo. Dikon? Pasobra den Beibel tambe nan ta trata esaki. Ta pará skirbí den e karta di apòstel Pablo na e iglesia di Korintionan, den 2 Korintionan 6:14-18:

> "No mara boso mes na hende ku no ta kreyente, pasobra hustisia i maldat no tin nada di aber ku otro tòg? I lus i skuridat por tin relashon ku otro? No por tin harmonia entre Kristu ku Belial, ni entre un kreyente ku un no kreyente! Tèmpel di Dios no tin nada en komun ku ídolo pagano. Wèl, bo ta tèmpel di e Dios bibu. Dios mes a bisa: "Ami lo biba serka nan i lo Mi ta huntu ku nan. Lo Mi ta nan Dios i nan lo ta mi pueblo. P'esei Señor ta bisa: 'Sali for di nan kompania, alehá boso di nan; no mishi ku nada impuru!' I Ami lo aseptá boso. Ami lo ta un Tata pa boso i boso lo ta mi yu, hòmber i muhé."

Komo un yu di Dios, òf bo ta nasí di nobo, ta konsehabel pa bo no tin un relashon fiho ku un hende ku no tin e mesun fe ku bo. Pasobra boso no ta riba e mesun frekuensia spiritual. Abo a haña e "lus", pero e otro persona ainda nò; e ta ainda den e "skuridat". Komo un yu di Dios, bo ta stima Señor. Bo ta respet'É. Bo ta hasi tur kos pa biba un bida ku ta agradá Dios i regularmente bo ta bishitá e sirbishinan na iglesia.

Si e persona ku bo ta stima no ta kompartí esakinan ku bo, a lo largu bo ta hala for di bo fe i wòrdu halá na loke e otro persona tin interes aden (a lo ménos, si bo no ta duru pará den bo sapatunan spiritualmente). Lástimamente mi tin ku bisa ku sa sosodé hopi biaha e amor pa Hesus ta ménos ku e amor pa un amigu(a).

Loke ku Kristu Hesus a hasi pa bo, un amigu(a) nunka lo ke òf lo por hasi pa bo. Kristu Hesus a entregá Su bida pa bo dor di muri na krus na bo lugá. El a pordoná bo bo pikánan, duna bo un bida nobo, pas, felisidat, bida eterno huntu kunÉ, sanashon, amor inkondishonal, un bida di satisfakshon. E ta proveé den tur bo nesesidatnan si bo pone Señor na promé lugá.

Tur esaki i hopi mas Señor Hesus a hasi pa bo, pasobra E ta stima bo. Hesus ta é Amigu berdadero. Bo a ripará ku un amigu(a) berdadero òf amor berdadero ta duna mas ku e ke risibí? I tòg bo ta bira lomba pa Hesus i bai tras di un amigu(a) ku den tur aspekto a kai chikí kompará ku nos Señor Hesus.

Di otro un banda si bo tin un relashon fiho ku un persona ku tin e mesun fe ku bo, na promé lugá bo tin pas ku Dios, pas ku bo mes i pas ku bo partner. Komo resultado di boso obediensia na e Palabra di Dios, Señor lo ta huntu ku boso. E lo ta boso Dios i boso lo ta su yu hòmber i yu muhé. Pasobra Señor a primintí esaki i lo hasié tambe. Bo tin mas motibu pa stima Dios, pa respet'É i pa obedes'É.

Ki dushi lo ta ora boso dos tin un relashon fiho, ku Señor Hesus komo boso Dios i Spiritu Santu komo boso guia. E ora ei boso tin e mesun balornan moral i e mesun prinsipionan. Si boso sa di apliká esakinan den boso bida, boso lo tin ménos pleitamentu i desakuerdo ku otro i lo bo sinti bo felis!

Matrimonio, Algu Serio

Unabes abo i bo partner a disidí di kasa, boso lo duna otro e palabra: "Si, mi ke." Boso tin e ora ei un obligashon ku otro pa resto di boso bida. Boso ta un buki habrí pa otro i boso ta kompartí tur kos ku otro. Den matrimonio mester tin espasio pa e pareha por desaroyá nan mes den e persona ku nan ta yamá pa ta. Matrimonio ta un instituto kreá pa Dios i p'esei e ta santu!

For di kuminsamentu di tempu Señor Dios a krea e hende Adam i pasobra e no tabatin un ser igual kuné, pa e kompartí su bida, SEÑOR Dios a bisa: 'No ta bon pa e hòmber ta só. Mi ta bai traha un kompañero ku ta yud'é i ku ta pas kuné'. Lesa Génesis 2:18, 21-23. E ora ei SEÑOR Dios a laga e hòmber bai un soño profundo; miéntras ku e tabata na soño, Dios a saka un di su repchinan i El a pone karni na e lugá. Di e repchi SEÑOR a forma un muhé. E hòmber a bisa: "Awor sí, esaki sí ta karni di mi karni i wesu di mi wesu. Lo e yama muhé, pasobra for di hòmber a sak'é."

> Dios a bendishoná nan bisando:
> "Yena mundu ku hopi desendiente i dominé,
> goberná piská den laman, para den laira i tur
> bestia ku ta lastra abou riba suela."
> Génesis 1:28.

Dios su plan pa matrimonio tabata entre hòmber i muhé.

> I El a bisa:
> "P'esei un hòmber ta bai laga su mama i su tata
> pa uni ku su muhé i nan dos lo bira un".
> Asina nan lo no ta dos persona mas, sino un.
> Ke men hende no mag separá loke
> Dios a uni den matrimonio"
> (Mateo 19:5-6).

Divorsio

Dios su plan pa matrimonio ta pa hòmber i muhé keda pa semper (pa restu di nan bida) huntu ku otro. Sin divorsiá otro. Dios ta odia divorsio.

Hòmber i muhé ta bira un den tur aspekto di nan bida i p'esei ta kompartí tur kos ku otro: nan kurpa den relashon seksual, nan propiedatnan i pertenensianan, nan ideanan, nan talentonan, nan éksitonan, nan problemanan, nan fèrdrit, nan goso etc. Ora ku dos hende ku a bira unu den kurpa, separá for di otro (divorsio), semper esaki ta hasi hopi doló.

Ta den un kaso só Kristu Hesus a duna pèrmit pa divorsiá, esta ora ku un di e parehanan kometé inmoralidat seksual (sèks pafó di matrimonio).

> "Pero ami ta bisa boso:
> Esun ku, pa kualke otro motibu ku no ta
> inmoralidat, manda su kasá bai i kasa ku otro
> muhé, ta kometé adulterio"
> Mateo 19:9.

Pasobra matrimonio ta un instituto di Dios. Den Su Palabra El a duna nan, responsabilidatnan (diferente, pero ku ta kompletá otro) ku hòmber i muhé mester kumpli kuné, si nan ke forma un unidat felis i tin éksito den nan matrimonio.

Responsabilidatnan di e Hende Hòmber i e Hende Muhé

Dios a duna responsabilidatnan na e hende hòmber den matrimonio, ku é ta e lider riba su señora. Ke men ku e hòmber ta sirbi i kuida su kasá bon. E tin ku bai traha i sòru pa tin di kome na kas. E hòmber tin ku pasa tempu na kas serka su señora i no sali (tur anochi) bai topa ku su amigunan. E hòmber tin ku duna bon ehèmpel pa su señora por sigui. E hòmber mester stima su señora, meskos ku e ta stima su mes i ta sòru bon pa su mes. Tambe tin bisá:

> "Hòmbernan, stima boso esposa manera
> Kristu a stima iglesia i a entregá su bida p'é"
> Efesionan 5:25.

Dios a duna responsabilidatnan tambe na e hende muhé den matrimonio.

Awor ku nos sa ku e hòmber kasá ta tuma riba djé pa e stima su esposa manera Kristu a stima Su iglesia, nos por papia di un union kaminda e muhé ta yuda su kasá.

> Dios a krea e muhé pa e ta un ayudante pa e hòmber, un ku ta pas kuné i ta adekuá p'é
> (Génesis 2:18).

Ta e intenshon di Dios ta pa e muhé ta dispuesto pa yuda e hòmber; e mester tin un orea pa skucha e hòmber ora ku e ke kompartí algu kuné. E muhé mester tin un aktitut di mustra komprenshon, aseptashon i koperashon pa ku su kasá.

E señora no ta grita, zundra, falta rèspèt i papia palabra malu ku su kasá. E ta usa palabra trankil i suave ku su kasá demostrando rèspèt na tur momento.

E muhé den matrimonio tin ku laga e hòmber tin e último palabra.

Si e muhé ta stima Señor Dios, e ta hasi loke Dios ta bisa. E muhé mester mira esaki komo obediente na Dios i na Su Palabra. E muhé no tin mester di kompetí ku su kasá òf ke ta den kòntròl di tur kos na kas. Ménos kòntròl bo tin, mas rilèks bo bida ta!

Ata aki Algun Tep Práktiko pa Mehorá bo Relashon Matrimonial

Si bo matrimonio ta bayendo bon kaba, ta algu di aplaudí. Pero si bo ta puntrando bo mes kiko bo por hasi pa e relashon entre abo i bo partner por drecha òf bira mihó, ata aki algun tep ku por yuda boso:

- E manera ku boso ta komuniká ku otro òf yùist no komuniká, ta hopi importante. E meta di komunikashon ta pa boso tin komprenshon pa otro, asina boso ta yega mas serka di otro. No suponé ku e sa tòg tal i tal kos di bo, pero papia kla ku otro i hasi pregunta na otro pa bo tin sigur kiko ta kiko. Den e kapítulo tokante di komunikashon bo por lesa mas di e tópiko aki;

- Boso ta un tim i boso mester kompensá otro, asina ku por tin balansa den e relashon. Esaki bo ta hasié dor di yuda otro, enfoká huntu riba un meta;

- Pasa tempu dushi 'Quality time' huntu ku otro, por ehèmpel de bes en kuando bai kome afó huntu, tin un sonrisa ku otro, mishi ku otro, hasi kosnan huntu ku boso tur dos ta gusta;

- Apresiá otro pa tur kosnan positivo di otro, skirbi esakinan i papia nan regularmente;

- Buska solushonnan huntu pa situashonnan fèrfelu ku a pasa;

- Respetá otro i otro su esfuerso pa mehorá e relashon;

- Hasi tur loke ku bo por pa bo partner por sintié bon;

- No mester di kompetí ku otro. Si un gana, boso tur dos a gana. Si un perdè, boso tur dos a perdè. Boso ta un unidat.

Felis i Eksitoso

Ora boso amistat ta basá riba konfiansa, apresio, rèspèt lo tin aseptashon pa otro. Bo ta skohe pa ta amigu(a) di un persona kaminda bo ta sinti bo mes bon i kaminda bo ta rekonosé algu di bo mes den djé. Boso ta amabel ku otro i boso ta yuda otro. Si bo ta un kristian lo ta mihó pa bo frei tambe ta un kristian. Boso lo tin e pas di Dios i Señor lo ta huntu ku boso den e relashon. Ora ta den matrimonio e hòmber i e muhé mester kompletá otro. Stima otro i yuda otro pa boso por yega na bosnan meta.

Preguntanan Kapítulo 4

1. Kon bo ta kere ku bo amigu(a) lo deskribí bo karákter komo su bon amigu(a)?

2. Kiko ta e kualidatnan ku e persona mester tin pa e por ta bo amiga(u)?

3. Kiko bo ta balorá (loke ta importante pa bo) den un amistat?

4. Ora ku bo ta frei pa kasa, kua ta e preguntanan ku bo por puntra bo mes pa yuda bo sa si bo ta ku e persona korekto?

5. Si bo ta un kristian aktivo, ku ta biba bo fe, dikon no ta konsehabel pa bo kasa ku un persona ku no ta kristian aktivo?

6. a.   Kiko ta bo opinion tokante di matrimonio?

   b.   Splika kon Dios ta mira matrimonio.

7. Splika kon e hòmber i e muhé tin ku komportá nan mes den matrimonio pa nan por tin un matrimonio felis.

8. Pa kos bai bon den matrimonio tantu e hòmber komo e muhé tin ku duna di nan parti.
   Kiko asina e parehanan lo por hasi pa mehorá nan relashon matrimonial?

Kapítulo 5
Emoshonnan Negativo

Emoshonnan negativo ta sintimentunan ku tin mal influensia riba nos bida, nos salú i tambe den nos trato pa ku otronan. Palabra di Dios ta bisa pa evitá sorto di emoshonnan asina. Nan ta stroba nos di biba un bida felis. Den e kapítulo akí nos lo risibí guia i instrukshon ku lo yuda nos, pa asina nos desaroyá emoshonnan positivo i koregí algun sintimentunan negativo.

Preokupashon

Preokupashon ta, na momento ku nos ta keda pensa (pa un tempu largu) riba un situashon ku nos no tin bou di kontròl. I si no paga tinu e situashon ta tuma kontròl di nos. Dor di esaki nos kurason ta keda kargá i nos ta sinti kansá i deprimí.
Preokupashon por bin ora nos no sa kon e final lo bai ta i tin miedu pa e kos sali malu. E resultado no ta den nos man.

Konsekuensianan di preokupashon

1. Mal konsentrashon dor ku tin otro kos ta okupá bo mente;
2. Bo ta sinti strès dor ku bo no por hañu un solushon pa e situashon;
3. Bo no ta drumi bon anochi;
4. Bo ta sinti bo kansá i bo no tin interes den nada otro;
5. Bo no ta sinti gana di kome;
6. Bo no ta kere den nada otro;
7. Bo ta sinti miedu;
8. Bo ta isolá bo mes i bo ta evitá kontakto sosial;
9. Bo ta bira depresivo, sin gana di hasi nada;
10. E ta stroba bo di gosa di bida.

Tur esakinan ta kosnan ku ta stroba nos di ta e hende ku enrealidat nos mester ta. Tur konsekuensia di preokupashon ta negativo. Mas bo enfoká riba e preokupashon, mas e konsekuensianan lo bai pisa riba bo. Dios no a krea hende pa e biba bou di e yugo di preokupashon, sino pa e hende por biba liber i felis. Dor di ta preokupá pa un situashon, esaki lo no bira mihó. Pues no tin sentido di ta preokupá pa algu.

Enbes di preokupá pa un situashon, mester trese e situashon na Señor Dios den orashon i E lo sòru bon pa nos. Te asta ora ku nos tin falta di produktonan di promé nesesidat, no mester preokupá. Nada ta imposibel pa Señor Dios. Si E por sòru pa e paranan den laira i e flornan di mondi, kuantu mas lo E sòru pa abo ku ta hende.

Ta p'esei ta pará skirbí:

> "No preokupá pa nada, sino den tur sirkunstansia presentá boso petishonnan na Dios den orashon i semper ku gradisimentu. I e pas di Dios ku niun hende no por komprondé, lo warda boso kurason i mente den union ku Kristu-Hesus" (Filipensenan 4:6-7).

Si wak e palabra 'pre-okupá' bon, bo por lesa ku e ta nifiká: okupá for di adelantá. Sin sa kon e situashon lo bai desaroyá su mes òf kon e ta bai terminá. No tin nodi hasi esaki.

E mihó aktitut ta di hasi loke ku nos por hasi i laga sobrá den man di Señor Dios. Sabi ku Dios ta den kontròl. Dor di esaki bo ta haña pas interno. Dios ta duna e yabi pa bo por ta yená den bo promé nesesidatnan. Esaki ta pará skirbí den e evangelio di San Mateo 6:31-34

> "P'esei no preokupá i puntra: "Kiko bo ta kome? Kiko bo ta bebe? Kiko bo ta bisti?" Pasobra ta e paganonan ta kore tras di tur e kosnan akí. Boso Tata den shelu sá ku boso tin mester di tur e kosnan akí. Buska reino di Dios i buska pa hasi su boluntat promé i boso ta haña tur e sobrá kosnan akí aserka. Pues, no preokupá pa e dia di mañan, pasobra e dia di mañan ta preokupá pa su mes problemanan. Kada dia tin sufisiente problema di su mes."

Si nos okupá nos mes ku lesa i studia e Palabra di Dios i biba segun esaki, e ora ei Señor Dios lo yena tur nos nesesidatnan. Señor no ta laga Su yunan desampará, ma e ta sòru pa nan. Bo tin un bon Tata selestial ku ta yen di miserikòrdia. Ora ku otronan ta pasa den nesesidat, bo Tata ta sòru pa bo no falta nada. Bo ta kòrda kon e konosido Salmo 23 ta kuminsá? E ta kuminsá asina: "Señor ta mi wardador, mi no tin falta di nada..." Pues bo no mester preokupá tampoko pa bo kosnan di promé nesesidat!
Si Señor a bisa den Su palabra pa no preokupá ku nada i nos hasié tòg, e ta piká i falta di konfiansa den Dios. Pasobra Señor sa tur biaha kiko ta mihó pa nos.

Preokupashon no ta Yuda

Dor di ta preokupá ku un situashon, esaki tòg lo no bira mihó, pues pakiko preokupá. I biba den derota, kargá ku konsekuensia negativo di preokupashon? Hesus a bini pa nos tin bida na abundansia! Aki no tin espasio pa preokupashon. Sea liber di tur preokupashon, laga lòs, entregá nan na Señor Dios den orashon i gradisiÉ pa e solushon. Gosa di bida!

Engaño: Di kon Hende ta Gaña mi

Gaña òf mentira ta ora bo ta bisa algu ku no ta bèrdat. Un hende ta skohe pa gaña.

- E tin miedu di ta su mes. (Un sentido di menospresio);
- Hende no ke pa otronan haña sa kiko e bèrdat ta.

Pasobra na e momentunan ei e bèrdat no ta salié bon. E no ke pèrdè kara;
- E ke laga parse ku e ta un bon hende;
- E no ke haña kastigu. Dor di gaña, fásilmente e por saka su kurpa afó;
- Papiando mentira ta un manera pa e hende haña loke e ke;
- E sa ku el a kibra un regla òf palabrashon i no ke pidi despensa òf paga e konsekuensia.

Tin hende ku no tin un karakter fuerte. Por ehèmpel, tin hende ta bisa ku e ta bai hasi algu, maske ku e sa kaba ku e lo no bai hasi tal kos. Den un kaso asina e hende ta bisa algu djis pa tene e otro hende trankil. Ku otro palabra, e ta tuma e otro hende hasi!

Kiko bo por Hasi pa bo no Gaña?

Masha fásil; papia e bèrdat ku bo próhimo. Maske kon difísil e ta pa bo na e momentu ei, tòg semper ta mihó pa papia bèrdat. Bo ta keda ku bo kara na laira, bo ta sinti un pas interno i bo no mester tene miedu pa nada.

> Beibel ta bisa
> "Un sakadó di mentira ta hoga den su mes mentiranan"
> (Proverbionan 12:13a).

Un hende ku ta gaña, hopi biaha ta lubidá kiko tur e mentiranan tabata. Ku e konsekuensia ku e ta kai den su mes mentira. Asina otronan ta bin haña sa ku e ta un gañadó. Den e mesun Proverbio na verso 20a: "Mentira ta biba den kurason di esnan ku ke hasi maldat...." Por ehèmpel, un hende ku ke hasi malu ku un otro, nunka no ta aserk'é papiando e bèrdat.

"Hende ku ta gaña ta repugná SEÑOR...." versíkulo 22a. Gañamentu ta peka kontra Dios. Ta p'esei Señor no ta gusta hende ku ta gaña. Un di e dies mandamentunan di Dios ta: "No lanta testimonio falsu kontra otro hende." Si bo ta stima un hende, bo no ta bai lanta testimonio falsu (mentira) kontra dje, pa algu ku e no a hasi ni bisa. Gañamentu ta debilitá un relashon. E konfiansa ta wòrdu perhudiká. Bo ta hasi bo partner hopi tristu ora sali na kla, ku bo a gañ'é. E persona ku nan a gañá, por haña un disgustu den esun ku a gañ'é.

Na momentu ku un otro persona a gaña bo, bo tin ku pordoná, laga lòs i sigui padilanti ku bo bida!

> "Hende hustu ta repudiá mentira abiertamente, pero es ku no ta fiel na Dios ta pasa bèrgwensa i pone hende haña rabia riba dje"
> (Proverbionan 13:5).

Pues, si bo ke tin un bon relashon (entre abo i bo mayornan, hòmber i muhé, koleganan, amigunan, studiantenan òf ku bo próhimo) no papia mentira ku otro ni riba e otro.

Kiko mi tin ku Hasi ora mi ta Rabiá

Ora algu pasa ku bo (sea bon òf ménos bon), bo mes ta determiná kon bo ta reakshoná riba esaki. Abo ta determiná kon e suseso ei lo influensiá bo bida. Bo por skohe pa rabia, ku tur su konsekuensianan òf bo por skohe pa reakshoná di un otro manera. Tur hende por haña nan den situashonnan ménos agradabel. E manera ku bo ta reakshoná lo hasi e diferensia!

Hende ta rabia pa diferente motibu. Ora loke ku a pasa no ta manera e hende a spera òf no ta kuadra ku e hende su prinsipio. E punto ta, kon bo ta reakshoná ora bo ta rabiá. Kiko bo ta hasi ku e sentimentu di rabia. Bo por kontrolá esaki òf bo ta laga e sentimentu di rabia kontrolá bo? Ta importante pa bo rekonosé e emoshon akí den bo mes bida i tambe den bida di otronan i sa kon pa trata ku nan. Esaki nos ta yama: inteligensia emoshonal.

Amargura

Si bo warda rabia den bo kurason pa largu tempu, esaki por krese i bira amargura. E ora ei e situashon ta bira mas pió, te asta e por afektá bo salú. Ora bo ta rabiá bo por reakshoná for di diferente base. Kual ta: "karakter, emoshon, eksperensia òf prinsipio." Hende ku tin un karakter eksplosivo, tin e tendensia di mes ora habri boka grandi i zundra. Òf bo por huzga un situashon (for di bo eksperensianan di pasado den un situashon similar) i tene un aktitut defensivo ora di reakshoná, loke tin komo konsekuensia ku bo reakshon ta krea problema ku esun di e otro persona, pasobra su intenshonnan tabata henteramente algu otro.

> Beibel ta bisa:
> "Boso por rabia sí, ma no peka ora boso rabia, ni no bai drumi rabiá.
> No duna diabel niun chèns!"
> (Efesionan 4:26-27).

No laga rabia tuma kontròl di bo kurason i bira amargura.

Kon Mester Reakshoná?

Ta konsehabel pa ora di duna un reakshon, pa hasié den forma di un kontesta trankil. Ta bon pa promé ku bo duna un kontesta, pensa algun sekònde kon bo ta bai kontestá òf bo por tuma tempu pa hala un rosea profundo aden, tuma un pousa i dominá bo mes.

> "Hende hustu ta pensa promé kiko e kontestá, pero fo'i boka di mal hende ta brota maldat"
> (Proverbionan 5:28).

Tin biaha bo ta rabiá ku bo mes, pasobra bo ta haña ku bo por a reakshoná di un otro manera riba un situashon. Òf bo ta haña ku bo por a prepará bo mes mas mihó pa un eksámen, òf ku bo ta bisa, mihó mi a hasi algu otro den tal situashon. Esakinan ta pensamentunan ku ta bini despues di un suseso. Mayoria biaha bo tin duele di esaki. Bo no por drai e situashon bèk, pasobra ya el a pasa kaba. Den idioma Ingles nan ta bisa: 'Past is past.' I kiko awor? Ami lo bisa: "Tuma e suseso komo un lès di bida."

Importante ta pa pordoná bo mes i pidi òf duna un otro hende pordon. Laga e asuntu lòs, kabes ariba i wak pa e próksimo reto. Tene kuidou sí pa e próksimo biaha, den un kaso igual bo atendé ku e situashon na un otro manera, pa bo por sali viktorioso i asina sinti bo felis.

Den kaso ku bo ta rabiá ku un otro persona, òf mihó bisá rabiá pa loke e otro persona a hasi ku bo òf pa loke e otro persona a bisa bo, lo ta bon pa tuma un tempu ku e persona en kuestion, pa trata loke a wòrdu hasí òf papiá.

Trata na separá e hende i e suseso for di otro. Sa ku bo no tin kestion ku e persona riba su mes, sino ku e suseso i / òf ku e dicho. E ora ei bo tin ku bisa kon bo a sinti bo na momentu di e suseso i / òf ku e dicho. Asina ei e otro persona ta sa, pa un otro biaha, ku e tin ku paga tinu kiko e ta hasi i / òf papia ora e ta trata ku bo. Meta di tur kombersashon ta pa drecha kos. No pa konta kos pa otro. Tur esaki ta pa por tin un mihó entendimentu ku otro.

Tampoko no bai papia ku otro personanan tras di lomba di e otro i bisa nan kiko el a hasi i papia, ku bo no a gusta. Esaki lo bira un forma di redashi, ku lo hasi e situashon mas pió. Ta mihó pa papia e asuntu ku e persona konserní mes i bisa loke bo ta pensa di e suseso i kon bo a sinti bo. Esei ta pa evitá tur mal komprendementu. Lo bo ta liber di tur forma di rabia i di amargura.

> "Pero awor akí boso mester stòp di rabia, di bira furioso, di hasi maldat, di kalumniá, di papia palabra baho"
> (Kolosensenan 3:8).

Imaginá bo ku bo tin ku traha ku un hende ku ta rabiá. Kon lo bo tin ku trata kuné?
Lo ta bon sí, pa sa kiko ta e motibu di su rabia. Si e ta rabiá ku bo, pa loke bo a hasi òf bisa ku e no a gusta, boso lo tin ku trata esaki huntu. Si bo no ta e kousa di su rabia, abo ku ta inosente, mester keda trankil. Anda ku e kolega sosegá i ku koutela. Tene pasenshi kuné i dun'é tempu pa e por kalma. Si e mes ke papia tokante di e situashon, sòru pa bo tin un orea pa skucha. Laga mustra ku bo tin komprenshon i ku bo ta sinti p'e.

Pone atenshon na bo komunikashon sin palabra. Si bo ta duna un palabra òf konseho, laga esaki ta konstruktivo, den kua e persona por haña konsuelo i por laga su rabia baha. Por ehèmpel bisa: "Mi ta komprondé kiko bo ke men." "Mi ta mira ku bo ta frustrá ku e situashon."

Bo por tin Rason di Rabia?

Señor Hesus a rabia, ora ku e Fariseonan a bai hasi negoshi den tèmpel. Ku esaki nan a aktua kontra di e Palabra di Dios. Hesus a bira hopi rabiá i a tira tur nan merkansianan pafó di tèmpel, ku e intenshon pa nan por mira kon serio e situashon tabata i komprondé ku loke nan a hasi tabata robes. E Fariseonan a hasi di e kas di Dios, kual mester tabata un kas di orashon, un kueba di ladron.

Si mi bisa mi yu hòmber, ku e no tin mag di bai un kaminda sin nos pèrmit i e bai tòg sin puntra ni bisa nos, nos ta rabia kuné i dun'é un bon skual. Nos ta hasi esaki pa e por mira i komprondé ku el a komportá su mes malu i no a kumpli ku loke nos a palabrá. Pa nos komo mayornan ta importante pa nos sa na unda nos yu ta i ku ken e ta.

Por Evitá di Rabia?

Si, por. Bo por skohe kon bo ta reakshoná riba sierto suseso.

Si por ehèmpel nan a bisa algu di mi ku no ta bèrdat, sigur lo mi sali pa mi mes i bisa kiko sí ta e bèrdat. Mi ta skohe pa no rabia i di no laga e suseso akí daña mi dia. Tin biaha bo ta haña bo ku situashonnan kaminda otronan ta tenta bo i reta bo pa bo rabia. Kiko bo ta hasi e ora ei? Simplemente no hasi kaso di nan i resa pa nan. Mi sa ku esaki ta difísil i fèrfelu. E Palabra di Dios ta bisa asina:

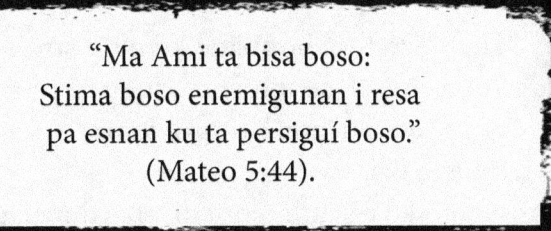

"Ma Ami ta bisa boso:
Stima boso enemigunan i resa
pa esnan ku ta persiguí boso."
(Mateo 5:44).

Ora ku nan ripará ku nan strategia pa pone bo rabia no a logra, nan lo stòp di mes. Dor di aktua asina bo ta manda un mensahe pa nan, ku bo ta riba un nivel mas haltu di rasoná ku nan. Ku bo no tin interes den loke nan ta hasi i ku bo ta emoshonalmente inteligente.

> "Mi rumannan stimá, tene kuenta ku loke mi a bisa i sea ansioso pa skucha, pero lento na papia i na rabia! Pasobra rabiamentu no ta hiba na un bida hustu manera Dios ta deseá"
> (Hakobo 1:19-20).

Sentimentu di Strès

Nos tur ta haña nos ku e sentimentu di strès di un òf otro manera. Por ehèmpel, ora ku na sierto momentu bo no ta mira un salida mas òf ora ku e tareanan ku bo tin a bira asina hopi pa bo i bo ta falta tempu pa finalisá nan. Ora bo tin un afsprak ku un persona ku ta importante pa bo. Ora di warda demasiado riba algu òf un hende. Ora bo ta preokupá pa un situashon, kaminda e resultado no ta konosí. Ku otro palabra, kiko ku pasa ku bo, sea dor di bo mes falta òf dor di bo ambiente sosial i bo no por kontrolá esaki, por duna bo e sentimentu di strès.

Hende ta bisa hopi lihé ku e tin strès, sin sa si en realidat ta asina. E sentimentu di strès por ta kòrtiku, pues ora ku a solushoná e problema, e sentimentu di strès tambe ta bai.

Na momentu ku e sentimentu di strès dura largu, e ora ei

bo no ta bo mes mas. Konstantemente bo ta hopi eksitá i kansá. Den e kaso akí mester trata e problema. Bo ta rekonosé e sentimentu di strès na bo mes òf na un otro hende ora bo tin miedu, tin disgustu, ta rabiá òf kansá ku tiki energia, mal konsentrashon, reklamá hopi, keho di stoma i di tripa, drumi malu, tin purá i ta soda hopi. Tur esaki den kombinashon ku un situashon òf problema ku ta pasando. No ta tur hende ku ta soda hopi tin e sentimentu di strès. Un hende por soda hopi dor ku e ta sinti hopi kalor!

Kon bo por Evitá e Sentimentu di Strès

1. Hasi bon preparashonnan. Plania adelantá i tuma e akshonnan nesesario;
2. Stipulá un fecha ki dia bo mester kaba ku e enkargonan;
3. Delegá algun tarea, pone prioridat i siñá bisa nò;
4. Pensa positivo di bo mes, kere ku lo bo logra, no preokupá ku e situashon;
5. Siña pa keda kalmu, ora ku kosnan ta bini riba bo i buska un manera pa solushoná nan;
6. Relahá regularmente.

Ad. 1. Hasi bon preparashonnan, plania adelantá i tuma e akshonnan nesesario:
Figurá bo ku dentro di algun luna bo tin ku pasa eksámen di kore outo. Bo ta prepará bo mes bon dor di plania ku ki regularidat bo tin ku tuma algun instrukshon pa kore outo te na e dia di eksámen. Kaminda ku ainda bo tin difikultat kuné, hustamente einan bo tin ku pone

mas atenshon. Sòru pa bo dominá e parti di teoria bon i hasi algun prueba di eksámennan anterior. Asina ku bo a slag pa e parti akí, a sobra bo mitar trabou.

Ad. 2. Stipulá un fecha, ki dia bo mester kaba ku e enkargonan.
Ora ku bo a stipulá un fecha kaminda bo ta aspirá pa kaba ku bo tareanan, lo bo ta mas motivá pa traha pa yega einan. Pasobra bo a pone un meta ku bo ke logra. Lo ta bon si bo traha un plan di akshon i tene bo mes na esaki. Sí, bo mester tin disiplina pa bo keda␣␣␣␣perseverá te ora bo yega e fecha di aspirashon. No keda posponé e kosnan, pasobra dor di esaki bo por haña bo den pèrtá ku e tempu i sigur na momentu ku algu inesperá bin meimei. No laga pa mañan loke bo por hasi awe! Un ehèmpel: "Na trabou bo sa ku bo tin ku entregá un tarea pa tal fecha. Vários biaha bo tabatin tempu pa traha riba e tarea, pero bo tabata keda posponé i bisa, ai falta basta tempu ainda pa mi kaba e tarea. Ora ku tabata falta un dia pa bo entregá e tarea i ku por fin bo a disidí di bai traha duru riba dje, bo telefòn ta bai. Yùfrou di skol ta bèl bo pa bin buska bo yu for di skol pasobra el a bira malu. Awor bo tin ku kore bai skol bai atendé ku bo yu, hib'é dòkter ku e konsekuensia ku bo no por a logra entregá e tarea riba tal fecha."

Ad. 3. Delegá algun tarea, pone prioridat i siña bisa nò. Si bo tin hopi kos di hasi, ku bo no sa mas kon kuminsá traha riba nan.

E ora ei ta konsehabel pa delegá algun di e tareanan (tareanan ku ta tuma hopi tempu òf tareanan ku bo ta preferá di no hasi) na un kolega òf den kaso familiar, na un hende di kas. Un hende kende bo sa ku lo yuda bo bon. Dor di delegá algun tarea, bo tin mas tempu pa dediká bo mes na e kosnan ku ta importante. E ora ei bo tin e tempu pa bo pone kiko bo ta bai hasi promé i despues etc. Den kaso ku ainda bo ta sintá ku hopi kos ku bo tin ku hasi, anto ta bini un hende pa ofrese bo mas trabou i bo no ta mira e posibilidat pa por ehekutá esakinan, e ora ei bo ta bisa na un manera nèchi: nò, mi no por. Pasobra bo tin ku kaba ku bo tareanan promé i despues bo ta wak si bo por tuma mas tareanan pa bo por traha. Di e manera akí bo por entregá mihó trabou i bo tin kontròl riba e loke ku bo ta hasiendo.

Ad. 4. Pensa positivo di bo mes, kere ku lo bo logra, no preokupá ku e situashon.

Ora ku por ehèmpel bo tin ku tene un diskurso dilanti di un grupo grandi di hende, por sosodé ku bo ta sinti strès dor di insiguridat. No tin motibu pa ta insigur si bo a prepará bon. Resa pidi Dios pa bo tin pas interno i ku bo por para einan den Su forsa. Ta importante pa bo pensa positivo di bo mes. Visualisá bo mes kon bon bo ta tira e spich. Kere ku bo ta bai logra.

E ora ei bo no tin ku preokupá kon e tiramentu di e spich lo bai.

Ad. 5. Siña pa keda kalmu, ora ku kosnan ta bini riba bo i buska un manera pa solushoná nan.
Den e bida akí kaminda bo tin di aber ku otro hendenan, bo ta haña bo den situashonnan ku tin biaha no ta dushi. Kon bo ta reakshoná e ora ei, por laga bo bai abou òf keda ariba.
Esaki lo sirbi komo un eksperensia pa bo sa kon reakshoná si e bolbe pasa den futuro. Suponé ku hende a akusá bo di algu ku bo no a hasi. Kon lo bo solushoná esaki? Si bo ta un kreyente i bo ta kere den poder di orashon, lo bo bai den orashon na Dios Tata pa hustisia prevalesé. Òf bo por hasi manera nan no a bisa nada riba bo, hala un rosea profundo, keda kalmu i laga pasa bai! Tambe bo por defendé bo mes dor di bai tras di loke nan a bisa di bo i konfrontá e persona en kuestion ku esaki. Sin buska pleitu. Na un manera trankil tambe bo por sali pa bo mes.

> "Biba na pas ku tur hende te kaminda esei ta dependé di boso" (Romanonan 12:18).

Ad. 6. Relahá regularmente.
Bo bida mester ta den balansa pa bo no haña strès. Nada di mas di un kos den proporshon ku e otro un kos. Pa bo tin un bida relahá, esei ta dependé di bo mes i no warda te ora ku e 'bateria' di bo kurpa baha kompletamente. Skucha bo kurpa i ora bo sinti ku awor ta ora di retirá bo mes di e trabounan, hasi esei sigur. Tuma tempu pa bo relahá i sosegá regularmente asina ku e 'bateria' di bo kurpa por karga atrobe. Por ehèmpel drumi un tiki, bai landa, kana, hasi deporte etc. Laga e kurason bati un tiki duru asina ku e sanger por sirkulá bon den bo kurpa.

Mi tin Miedu

Miedu ta un di e reakshonnan emoshonal di mas fuerte ku bo por tin. E por funshoná komo un forsa di protekshon òf komo un forsa destruktivo, dependé di e situashon. Por ehèmpel, mi yu hòmber tin gana di kore baiskel bai skol. Esaki ta mas o ménos 4 km den e tráfiko drùk i kaótiko di Kòrsou. Dor di miedu mi a bis'é nò, mi no ke pa e bai skol riba baiskel. Mi mes ta hib'é skol ku outo. Mi miedu tabatin un karakter di protekshon. Pasobra mi ke protehá mi yu di un òf otro aksidente.
Di otro banda bo ta haña ku tin hende ku tin miedu di subi un plataforma i papia den publisidat. Pasobra segun e, e no ta papia bon i ta preokupá kiko hendenan ta bai pensa di dje. E miedu akí tin un karakter destruktivo. Pasobra e ta stroba bo di tuma akshon pa vense e miedu i bai dilanti na un otro nivel.

E sentimentu di miedu tambe ta bini dor di insiguridat komo konsekuensia di no ta bon prepará. Por ehèmpel pa un eksámen ku bo tin ku bai traha.
Tambe tin otro motibunan pakiko un hende tin miedu òf ta sinti ansha.
Miedu pa bo situashon finansiero: bo a kaba di pèrdè trabou i bo no sa kon pa sigui padilanti ku bo finansa. Òf bo a kaba di tende resultado di un saminashon i ta parse ku bo tin un malesa inkurabel. Tur sorto di pensamentu negativo ta bini ariba, dor di kua bo ta haña miedu.

Insiguridat

Ku otro palabra e sintimentu di miedu ta bini dor di insiguridat, pensamentu negativo, anda ku hendenan miedoso i negativo ku no tin ningun motivashon, falta di afirmashon positivo propio, falta di orashon, falta di fe den Dios i falta di amor.
Pa vense e sintimentu di miedu i ansha, bo tin ku hasi nèt lo kontrali ku tin skirbí mas ariba:

- Sea sigur di bo mes ora di hasi un presentashon, dor di prepará bo mes bon for di adelantá i trein bo mes den esaki. Por ehèmpel para dilanti di un spil òf dilanti di konosínan ku por motivá bo i duna bo krítika konstruktivo;
- Si bo tin miedu di hasi algu, bo tin ku yùist hasié. Asina tambe bo por vense e sintimentu di miedu;
- Sòru pa bo tin pensamentunan positivo. Hopi importante. Pasobra bo pensamentunan ta determiná bo manera di papia, hasi i biba;

> "Kuida bo manera di pensa mas ku tur kos ku bo tin na mundu, pasobra asina bo ta determiná bo bida" (Proverbionan 4:23).

- Si bo tin pensamentunan positivo, bo ta aktua i biba na un manera positivo. E resultado di esaki ta visibel;
- Paga tinu ku ken bo ta anda. Tin un dicho ku ta bisa: "Kos malu ta pega." Dor di ta hopi den kompania di hendenan ku kustumber miedoso, bo tambe ta pega ku esaki;
- E sentido di miedu ta bini tambe dor di no ta enkurashá bo mes. Hende ku ta papia palabranan positivo ku su mes i ta kere den esaki, ta hende ku ta sigur di su mes i ku ta bai pa logra su meta. E ora ei no tin lugá pa miedu.

Dios ta amor i esun ku biba den amor ta keda den Dios i Dios ta keda den djé.
Kaminda tin amor, no tin miedu, al kontrario, amor realmente perfekshoná ta kore ku miedu. Si un hende ta stima Dios i ta kere i ta konfia ku semper Dios ta kuné, no tin motibu pa tene miedu.

> "Pasobra Dios no a duna nos un spiritu di kobardia, pero di poder, amor i dominio Propio" (2 Timoteo 1:7).

Ora e sentimentu di miedu bini, keda trankil i yama riba Señor. E ta serka bo pa duna bo forsa, yuda bo, sostené bo ku Su man viktorioso i konsolá bo ku Su amor!

Felis i Eksitoso

Ora ku dil ku e emoshonnan negativo na un manera korekto, lo bo sali viktorioso riba nan i lo bo sinti bo mes felis i ku éksito. Trese bo preokupashonnan den orashon na Señor i E lo sòru pa bo. Laga lòs di kosnan ku bo mes no por solushoná. Sabi ku Dios ta den kontròl. Semper papia e bèrdat ku otro. Esaki lo yuda pa bo tin un konsenshi trankil. Trata semper di dil ku e sentimentu di rabia, dor di bisa loke bo ta pensa di e suseso i kon bo a sinti bo, pa bo ta un persona liber i no amargá. Sòru bon pa bo mes i hasi loke ta nesesario pa bo por sinti bo mes bon i sin strès. Ora ku bo ta insigur i tin miedu, keda trankil i yama riba Señor. E lo ta serka bo pa yuda bo, sostené bo ku Su man viktorioso i konsolá bo ku Su amor.

Preguntanan Kapítulo 5

1. Ki ora un hende ta kai bou di e yugo di preokupashon?

2. Kon bo tin ku hasi pa bo no tin preokupashon?

3. Di kon un hende ta papia mentira?

4. Ki konsekuensia gañamentu tin den un relashon?

5. Kon bo por enfrentá un persona ku a gaña bo? Kiko bo por hasi? Kiko bo por bis'é?

6. Tur hende por hañ'é den un situashon ku e ta rabia mashá.
   Skirbi algun kos ku bo por hasi ora bo rabia i asina evitá ku e situashon ta eskalá.

7. Si den un situashon na skol òf trabou bo a rabia pa loke nan a bisa di bo òf pa loke nan a hasi bo;
   Kon ta e mihó manera pa dil ku e situashon?

8. Kon bo por evitá di rabia?

9. E sentimentu di strès ta algu hopi laf i e por dura largu.
   a. Kon bo por rekonosé e síntomanan di strès den bo mes i den otro?

   b. Kon bo por evitá e sentimentu di strès?

10. Menshoná algun forma di miedu ku un hende por eksperensiá.

11. a. Nos a bisa ku insiguridat ta kousa miedu. Kon abo lo dil ku insiguridat pa bo no tin miedu?

    b. Kon un hende por evitá di haña e sentimentu di miedu?

Kapítulo 6
Trata bo Próhimo bon

Un hende individual no por ta felis ora e tin pa kustumber di tene kuenta solamente ku su mes. Nos ta kreá pa biba den harmonia ku otronan. Ku otro palabra, felisidat ta enserá biba bon ku nos próhimo. Bisa òf hasi kosnan ku ta hasi nos próhimo kontentu. Duna kontribushon kaminda ku por pa bo próhimo por sintié bon. Algun forma pa hasi esei ta:

Ekspresá Gratitut

Gratitut ta un ekspreshon den palabra òf akshon ku ta mustra na e otro ku bo ta kontentu i ta apresiá loke ku el a hasi pa bo òf loke e ta duna bo.
Ora un hende hasi algu bon pa bo ònferwagt, bo ta bai apresiá e hende ei mas tantu. Ta manera un glas di awa ora bo tin set. Tin biaha algu ta pasa ku bo no meresé mes, ni bo no a stèns ariba. Esaki ta pone mi pensa riba e interkambio Divino: Tempu ku bo tabata pekador ainda, Hesus a muri, pa bo por haña bida eterno. El a tuma bo pikánan riba djE i a duna bo pordon. Su kurpa tabata kibrá pa bo por haña sanashon. Esaki tabata e plan di

Dios pa salba hende, ku ningun hende no a spera ni meresé.

Esaki ta fantástiko tòg? Un bon motibu pa ta kontentu i agradesido p'e.
I no pa un ratu so, sino pa henter bo bida largu. Si mi djis reflekshoná riba esaki, mi kurason ta yena ku alegria i amor pa Señor. Ta un kos so mi ke hasi e ora ei, esta: yam'É danki pa loke El a hasi pa nos dor di amor.

Nos mester yama danki na tur hende ku a hasi algu, sea un fabor òf sakrifisio pa nos. Si bo pensa riba bo mayornan, ku a sòru pa bo i a eduka bo. E yùfrou òf mener di skol ku tin biaha ta sakrifiká tempu èkstra pa yuda bo ku un materia den kual bo tin difikultat kuné. E wela òf tawela ku ta kuida su ñetunan ku hopi amor. Bo kasá ku ta kushiná un kuminda dushi pa bo pa ora bo yega kas for di trabou. Bo koleganan ku ta yuda bo pa aklará un tarea. Bo doño di trabou kende ta duna bo algu èkstra (bónus) na fin di aña. E shofùr den tráfiko ku ta para pa bo por krusa kaya, bo yunan kendenan bo ta manda pa hasi bo un fabor etc.

Esakinan ta algun ehèmpel ku tin biaha nos no ta para ketu mes na nan pa yama danki. I bo sa kiko? Ora bo bisa danki na un hende, esaki ta traha manera un forma di motivashon p'e, pa e sigui ku e bon trabou. Hende ta mira i eksperensiá ku bo ta apresiá e loke nan a hasi pa bo. I otro un biaha e ta bolbe hasié.

Si bo haña un regalo serka un hende, no bisa: "O, pakiko b'a hasi asina molèster?" Kaminda bo tin yen gana di e regalo. Bisa simplemente, "danki."

Òf un hende ta bisa bo: "Bo tin un kamisa nèchi

i e ta para bo bon tambe." Bo ta duna komo kontesta: "E kamisa akí, ai mi tin e masha tempu kaba." E hende no a puntra bo kuantu tempu bo tin e kamisa! Ta mihó bo bisa, danki. Pa kada kòmplimènt ku bo haña, ta bon pa kontestá solamente ku un danki i un sonrisa riba bo kara. Bo ta bisa algu i hende ta mira na bo postura ku bo ta mèn e si òf nò. Si bo bisa danki ku un kara será, hende lo pensa ku bo no a apresiá e loke ku nan a hasi pa bo. Mi a skirbi mas amplio tokante di esaki den e kapítulo tokante komunikashon.

Gratitut ta bai huntu ku goso i apresio. Hopi biaha bo ke hasi algu bèk pa mustra bo apresio i gratitut. Por ehèmpel si bo ta kontentu ku Kristu Hesus a sana bo di un malesa (di kua dòkternan a bisa ku no tin sanashon mas pa esaki i ku bo tin ku aseptá e malesa i siña biba kuné), lo bo ke alab'É i gradisiÉ pa resto di bo bida.
Bo mayornan a sòru bon pa bo, tempu bo tabata chikí. Ora ku bo bira grandi bo ke hasi algu bon bèk pa nan, pa mustra nan bo apresio i gratitut pa loke nan a hasi pa bo. Si bo por hasi algu bèk pa mustra nan esaki, bo mester hasié. Maske ta algu chikí.

Mi ta pensa awor akí riba mi yu hòmber. Mi a kumpra un regalo p'é i pa mi kasá, pa duna nan riba dia di Pasku di nasementu. Ami no a haña ningun regalo!
Mi yu a haña ku e kos a keda asina malu ku e mesun anochi mi a mir'é drùk den su kamber ta hasi algu. El a pinta un pintura pa mi ku un mensahe di Pasku i pone su estuche di pèn, ku un tempu el a haña di regalo pero nunka a us'é, aserka komo mi regalo. Su manisé mainta, ku ta di

dos dia di Pasku, el a bini serka mi i a bisa: "Mama, ayera bo a duna nos un regalo i awe bo ta risibí algu di mi bèk. Esaki ta mi regalo di Pasku pa bo." I el a bisa aserka: "E estuche di pèn akí, bo tin ku bai trabou kuné pa pone bo pènnan aden." Naturalmente mi a bira hopi kontentu, dun'é un brasa fuerte i un sunchi i a bis'é: "Masha danki, dushi." Ademas, di mi kasá mi a haña, despues di un par di dia, un perfume komo regalo, tambe mi a bis'é: "danki papi pa e perfume!"

Tin kasonan kaminda hende no ta bisa danki i no por hasi nada bèk pa demostrá nan gratitut. Pero bo ta mira na nan komunikashon sin palabra ku nan ta kontentu i ku nan ta apresiá loke bo a hasi pa nan. Mi a yega di haña mi ku un grupo di mucha chikí ku mi tabata guia den un skol di djadumingu na un iglesia (Afrikano) na Eindhoven, Hulanda. E periodo di Pasku tabata aserkando i mi a trese algu dushi di kome pa e muchanan. Ora ku mi a saka e kukinan di Pasku di krans kòrá i a pone esakinan den un skalchi riba mesa pa nan, wou, bo mester a mira e wowonan di e muchanan. Wowonan i karanan kontentu! Ku boka habrí nan a keda mira e kukinan. Ki ora ku mi kòrda riba e karanan kontentu di e muchanan, mi kurason ta yena ku alegria i mi ta haña un sonrisa riba mi kara. Mi no a spera e palabra danki di e muchanan akí. Na nan aktitut mi a mira ku nan tabata kontentu i a kome e kukinan ku un kurashon agradesido.

Tin biaha sa pasa kosnan ku ta ménos dushi, pero ta bon pa gradisí Dios pa loke ku E ke realisá den nos bida a traves di e situashon fèrfelu ei.

Nos ku ta hende ta mira solamente e sirkunstansianan,

pero Señor Dios ta mira mas leu ku loke nos ta mira i eksperensiá na e momentu ei.

> "Yama Dios danki bou di tur sirkunstansia, pasobra esei ta loke Dios ta deseá di boso komo hende ku ta kere den Kristu" (1 Tesalonisensenan 5:18).

Duna Rèspèt na Otro:

Tin rèspèt ta nifiká ku bo ta duna na e otro e honor ku e meresé. Bo ta apresiá i konsiderá e otro persona mas ku bo mes. Bo ta rekonosé i aseptá e persona pa ken e ta. Si bo ta respetá un hende òf nò, bo ta laga mira esaki na:
- E manera ku bo ta papia, e palabranan ku bo ta usa i e tono di bo bos;
- Bo postura; "Si bo ta tene kontakto di wowo òf nò, kon bo ta move ku bo mannan òf ku bo kabes, si bo ta bira lomba pa e hende etc.;
- E manera di komportá; "Bo ta kla pa dal hende, òf bo ta kana bai miéntras tantu ku hende ta papiando ku bo?";
- Bo emoshonnan; "Bo ta dominá bo mes i no hasi tur kos ku pasa den bo kabes?";
- Bo presentashon; "Bo stail di bisti, bo peñá i higiena";
- Respetá otro hende su prinsipionan; "Si bo sa ku e hende no ta gusta tal kos, no hasié kaminda ku e ta."
Tur hende mester tin rèspèt pa otro. Sea promé den duna rèspèt i no warda te ora e otro duna bo rèspèt pa bo tambe dun'é. Esaki ta e promé paso pa biba na pas

ku otro. Ora ku bo duna rèspèt, portanan ku ta será pa bo, lo habri. E regla di oro ta: si bo duna rèspèt, bo tambe lo haña rèspèt. Trata e otro hende manera bo ke pa e trata bo, ku rèspèt!

Señor Dios ta pidi na e hendenan mas yòn pa nan tin rèspèt pa hende grandi. Dor di hasi esaki bo ta mustra ku bo tin rèspèt pa Dios.

"Lanta pa hende grandi i demostrá nan rèspèt. Asina boso ta demostrá ku boso ta respetá Mi. Ami ta SEÑOR"
(Levítiko 19:32).

Awendia atraká, maltratá i hòrtamentu di hende grandi, ta òrdu di dia. Pasobra e grandinan akí ta físikamente suak i nan no por sali pa nan mes. Hendenan ku ta hasi e kosnan ei ku hende grandi, no tin rèspèt di Dios ni di hende grandi.
Bo por mustra rèspèt pa hende grandi na diferente manera:
- Papia nèchi ku nan;
- Ora no tin hopi lugá di sinta, lanta para i ofresé e stul na nan;
- Yuda nan krusa kaya;
- Bai kumpra kos pa nan òf huntu ku nan i yuda nan ku kualke otro kos ku nan tin mester.

> "Tende di bo tata ku a engendrá bo;
> no despresiá bo mama dia e bira bieu"
> (Proverbionan 23:22).

Rèspèt den Bida Familiar

Señor ta bisa na e hòmber i e muhé:

> "Someté boso na otro pa motibu
> di e rèspèt ku boso tin pa Kristu"
> (Efesionan 5:21).

Señor Dios ke pa hòmber i muhé stima i respetá otro, pa motibu di e rèspèt ku nan tin pa Kristu Hesus. Dor di hasi esaki, nan ta duna un ehèmpel na nan yunan kon ta stima otro i respetá otro.

E muchanan, na nan turno, tambe lo duna rèspèt na nan mayornan i lo ta obedesidu na nan den e spiritu di Kristu. E Palabra ta bisa:

> Muchanan obedesé boso mayornan manera ta agradá Señor, pasobra esei ta korekto.
> E mandamentu ku ta bisa: "honra bo tata i mama, pasobra si bo hasi asina, lo bai bon ku bo i lo bo tin bida largu riba mundu", ta e promé mandamentu ku tin un promesa mará n'e.
> (Efesionan 6:1-3).

Na e otro un banda Señor ta bisa e mayornan:

> "Tatanan, no pone boso yunan rabia, ma lanta nan ku disiplina i ku e siñansa ku Señor ke" (Efesionan 6:4).

Maske ku e yunan ta desobediente na mayornan su siñansa, nan tin ku koregí e yunan, keda stima nan i no bira lomba pa nan. Asina e yunan por bin komprondé e amor di Hesus. E mayornan tin e responsabilidat pa eduká nan yunan ku disiplina, ku konosementu di e Palabra di Dios i siña nan hasi orashon. Esaki ta e siñansa ku Señor ke. Vários biaha mi a yega di tende hende bisa, ku nan no ta eduká nan yunan segun e prinsipionan di Dios. Pasobra nan ta laga e eskoho na e muchanan mes. Esaki ta kontra di e Palabra di Dios. Komo mayor bo ta responsabel pa henter e edukashon di bo yu. Tantu pa esun sekular komo pa esun spiritual. Bo no ta laga bo yu mes skohe pa bai skol òf no bai skol tòg? Bo ta mand'é òf hib'é skol pa e por siña algu pa su futuro. Pa e edukashon spiritual bo tin ku hasi méskos.

Bo yu mester siña tambe e balornan i prinsipionan spiritual. Pa asina su bida por ta den balansa i e por tin e Palabra di Dios komo norma i un guia den su bida. Bo por lesa den Deuteronomio 6:6-7, ku mayornan mester tuma e Palabra di Dios na serio i tin ku inkulká (primi) e Palabra di Dios (regla básiko) den nan yunan. Esaki ta nifiká ku e Palabra no ta sali afó fásil. Bo por papia e Palabra di Dios ku bo yunan na kas, na kaminda, anochi ora nan ta bai drumi i mainta ora nan lanta. E Palabra di Dios mester ta den bo kurason i mente, asina ku bo por hiba esaki tur kaminda ku bo ta i bo por aplik'é den tur situashon. E kos di mas importante den esaki ta, pa salba e alma di e yu.

> "Pasobra esun ku ke salba su bida, lo pèrd'é, ma esun ku entregá su bida pa Mi, lo hañ'é bèk. Ki benefisio un hende tin si e gana henter mundu a kosto di su bida? Pasobra kiko un hende lo por duna komo pago pa su bida"?
> (Mateo 16:25-26).

Señor Dios ta ferwagt ku bo tin rèspèt p'E!
Si bo praktiká e Palabra di Dios, bo ta demostrá asina ku bo tin rèspèt pa Dios.

Mi tabata konta mi yu hòmber, ku e tin ku mira e Beibel komo un instrukshon (norma) pa un bida eksitoso. Señor Dios a krea hende i a dun'é e mundu pa e biba riba dje. Dios sa ku den e mundu tin hopi tentashon i ta sosodé hopi kosnan malu. Pa bo por biba tòg manera Señor Dios ta deseá di bo, bo mester lesa e Beibel, ku ta e Palabra di Dios. Aki den bo ta haña tur kos skirbí kon bo tin ku biba, pa asina bo por keda riba e kaminda korekto. Sin desviá na man robes òf na man drechi. Un hende ku no ta lesa e Palabra di Dios, no sa kon e tin ku biba pa e agradá Dios.
E ta biba segun su mes deseo, manera é ta haña ta bon, kual hopi biaha ta nèt kontrali na e boluntat di Dios. Esaki tin komo resultado ku e persona akí ta desviá di e kaminda korekto, ku tur su konsekuensianan.

> "Bo a tende tur kos i esaki ta e konklushon: tene rèspèt di Dios i kumpli ku Su mandamentunan, ta esei ta importante. Pasobra Dios lo huzga tur kos ku bo hasi, asta loke hende no por mira, sea ku ta algu bon òf algu malu"
> (Predikadó 12:13-14).

Yuda otro, Tambe ta Mustra Rèspèt

Yuda ke mèn, ofresé nos mes pa kompensá un otro den loke e ta kai chikí. Si nos ta den e posishon di yuda otronan, sigur mester hasié. Anto sin ningun interes personal. Puramente dor di amor pa e otro. Tin diferente manera pa asistí otro hende den su nesesidat:

1. Ora un persona pidi bo yudansa.
   Un hende ta pidi bo yudansa, pasobra e persona akí sa ku abo por kompens'é den su nesesidat. E ora ei bo tin ku yuda e persona, si di bèrdat bo por. Si bo por hasi algu bon pa un otro i bo keda sin hasié, bo ta peka kontra Dios i kontra e otro hende. Bo por ekspresá bo amor pa un persona dor di yud'é ora ku e tin mester. Nos mes tambe lo haña yudansa ora nos yuda un otro.

> "Bo ta yuda bo mes, ora bo yuda otro hende"
> (Proverbionan 11:17a).

2. **Di bo propio boluntat.**
Ora ku bo ke yuda un otro hende boluntariamente, ta bon pa puntra e persona en kuestion, ku kiko bo por yud'é. Laga e persona indiká ku e ta aseptá bo yudansa i kon e ke pa bo yud'é.
Un ehèmpel:
"Bo ta yega i mira un persona ta pone su kas na òrdu i gustosamente bo ke yud'é. Bo ta kohe algu i pon'é na un otro kaminda, sin puntra òf sin sa kon e persona ke pone su kosnan. Den un kaso asina bo ta stroba na lugá di yuda e persona. Mihó lo ta ku bo laga e persona sa ku bo tin gana di yud'é i laga e persona indiká bo ku kiko òf kon bo por yud'é.
Si bo konosé un hende bon, ya bo sa kaba riba kua tereno òf den kua sirkunstansia por yud'é. E ora ei bo tin ku yuda e persona akí ora ku bo ta den e oportunidat pa hasi esaki.
Hendenan ku ta gusta yuda mester wak bon sí pa otronan no hasi mal uso di nan bon intenshonnan. Lástimamente esaki ta sosodé ku hopi frekuensia. Pa esaki bo mester di sabiduria pa por distinguí ku un hende di bèrdat tin mester di bo yudansa òf ku ta abusu e ke hasi di bo. No laga hende abusá di bo disposishon; esaki ta un forma di rèspèt propio.

Bisa NÒ

Ta bon pa yuda i respetá otro, pero tin biaha bo mester por bisa nò! Por ehèmpel si dor di yuda un otro, bo mes ta kai den problema. Bo no por yuda un otro ku algu ku bo mes no tin òf ku bo no por.

Bo por yuda ku duna un left, sèn, tempu, konseho, trabou, kuminda etc. Simplemente yuda ku tur kos ku e otro persona tin nesesidat di dje i ku abo tin pa komplasé kuné òf pa kompartí kuné.

> "Es ku yuda hende pober, nunka lo n' tin falta di nada, pero es ku sera wowo pa nan nesesidat, ta keda maldishoná"
> (Proverbionan 28:27).

Felis i Eksitoso

Lo bo ta felis ora bo duna danki na Señor pa e interkambio Divino i aseptá esaki: Hesus Su kurpa kibrá pa bo sanashon; Su sufrimentu pa bo goso i felisidat; Su morto pa bo salbashon. Gratitut ta bai huntu ku apresio, goso i alabansa. Den bo trato ku hende bo ta yama danki ki ora ku e hasi algu bon pa bo òf kompartí algu ku bo. Esaki lo sirbi komo un motivashon pa e hende sigui ku e bon trabou.

Sea promé den duna rèspèt. Trata e otro hende manera bo ke pa e trata bo, ku rèspèt. Ora bo trata otro ku rèspèt, portanan ku ta será lo habri pa bo i lo bo ta eksitoso! Den kaso di yuda otro, bo ta yuda ku tur kos ku e otro persona tin nesesidat di dje i ku abo tin pa yuda i kompartí kuné. Lo bo sinti bo felis ora bo por yuda otro den su nesesidat. Bo por kompará esei ku duna un glas di awa friu ora ku e otro tin set!

Preguntanan Kapítulo 6.

1. Kiko asina bo por hasi pa trata bo próhimo bon?

2. a. Bo a yega di ekspresá gratitut (yama danki) na otro hende?

   b. Kon esaki a bai?

3. Nan ta bisa: Si bo duna rèspèt na otro, bo tambe lo risibí rèspèt.
   Bo a yega di pasa aden? Splika kon esaki a bai.

4. Mayornan ta responsabel pa edukashon di nan yunan. Dikon e edukashon spiritual ta mes òf mas importante ku e edukashon intelektual pa un yu?

5. Kiko asina bo por hasi pa mustra rèspèt pa Dios?

6. Semper ta bon pa yuda otro.
   Kon ta e mihó manera pa duna yudansa na otro?

7. Tin biaha un hende ta pidi bo yudansa, pero lástimamente bo tin ku bisa nò.
   Splika un biaha ku bo mester a hasi esaki. El a bai fásil? Kiko tabata difísil?

Kapítulo 7
Sabiduria

Sabiduria ta un aspekto hopi importante pa tene kuenta kuné den bida, si nos ke sigui un bida ku éksito. Señor Dios a usa sabiduria, ora e ker a logra algu, esta traha e mundu. Esaki ta siña nos ku si nos ke logra un meta, mester traha riba esaki kuidadosamente i ku sabiduria!

> "Pasobra ku sabiduria Señor a konstruí mundu"
> (Proverbionan 3:19a).

Kon ta haña Sabiduria?

Sabiduria no ta bini dor di lesa òf studia bukinan sientífiko. Sabiduria ta ora un hende tin un konosementu amplio i profundo di un kaso òf situashon. E por haña esaki dor ku Dios ta dun'é i asina e por apliká e sabiduria akí tambe den su eksperensianan di bida. Ora bo hasi fayonan den bida i bo siña di nan, bo ta bira sabí den e área ei. Otro un biaha den e mesun kaso lo bo sa kon hasi e kosnan di otro manera, pasobra bo a haña sabiduria kon pa dil ku tal situashon.

Beibel ta bisa nos ku sabiduria ta bin di Dios. Esaki ta bon notisia pasobra tur kos ku ta bin di Dios ta bin pa medio di Su grasia, esta pòrnada. Nos tin ku djis pidi Dios pa sabiduria.

> "Si kualke un di boso falta sabiduria,
> resa pidi Dios i lo E duna bo e,
> pasobra Dios ta gusta duna tur
> hende sin límite, sin tira nada na nan kara"
> (Hakobo 1:5).

Pa nos por yega asina leu, nos mester tin rèspèt i reverensia pa Dios. Puntra bo mes. Mi a pidi Dios pa yuda mi? Mi ta konfia Dios? Mi ta respetá Dios? Tin rèspèt pa Señor ta e promé kondishon pa ta sabí: Wak ku mi den Proverbionan 1:7.

> "Pa bo bira sabí bo mester tin rèspèt di Dios promé. Esun ku no tin rèspèt di Dios ta menospresiá sabiduria di bida i e no ta aseptá korekshon tampoko" (Proverbionan 1:7).

Dor di lesa e Palabra di Dios bo ta haña sabiduria pa bo pasa dor di bida. Bo ta haña disernimentu pa bo evitá e malu i pa keda riba e bon kaminda. Si bo ta obedesidu na e Palabra di Dios (kual ta bon, konstante i inkambiabel) i bo ta laga esaki guia bo, lo bo mira e kosnan manera Señor Dios ta mira nan. Loke ku Dios ta odia, bo tambe ta odia. Loke ku E bisa ta bon, bo tambe ta hañ'é bon. Solamente Dios Todopoderoso ta duna sabiduria.

Un Hende Sabí

Un hende sabí no ta purba hasi tur kos den su mes forsa. E no ta pensa eróneamente: Mi mes por. E ta aseptá ku bida ta muchu difísil i ku e mester di yudansa. E ta bai serka su Tata selestial ku ta Esun ku ta duna yudansa.
Bo ta sabí pasobra bo konosé Dios i bo ta konfia den djE. Bo ta fiel na djE i bo ta pone Dios na promé lugá den bo bida. Bo ta un hende ku por diserní bon for di malu i bo ta bira lomba pa maldat. Bo ta skucha i ta siña for di korekshon. Bo ta hasi loke ta bon i bo ta respetá Señor!
Dios ta haña sabiduria asina importante, ku E ta manda nos kore su tras! Kuantu hende bo konosé ku ta kore tras di kos? Kuantu hende bo konosé ku ta kore tras di plaka? Tras di hòmber? Tras di muhé? Òf tras di un banda? Anto pensa awor kuantu bo konosé ku ta kore tras di sabiduria? E sabí ta buska Dios i ta haña sabiduria.

Wak e versíkulonan den Proverbio akí ku mi: "Kore tras di sabiduria i bringa pa haña komprenshon, no lubidá mi palabranan ni desviá for di nan. No bandoná sabiduria i lo e proteha bo; stim'é i lo e warda bo. Optené sabiduria i atkerí komprenshon, duna nan bo prioridat. Duna sabiduria su balor, e ora ei lo e hasí bo grandi; ser'é den bo brasa i lo e hasí bo famoso. Lo e ta un korona elegante pa bo kabes i un korona di splendor. Mi yu, skucha i aseptá loke mi bisa, e ora ei lo bo biba largu. Mi ta guia bo den kaminda di sabiduria i dirigí bo hasi bo pasonan règt. Ora di kana lo bo no topa opstákulo, ora di kore lo bo no trompeká. Dal tene na loke a siña bo, no laga lòs, warda nan, ta di nan bo bida ta dependé" (Proverbionan 4:5-13).

Wak kuantu benefisio bo tin ora bo ta kore tras di sabiduria i hañ'é! Laga nos konta nan:

1. Bo ta keda protehá i wardá
2. Bo ta bira grandi i famoso
3. Bo ta haña un korona elegante
4. Lo bo biba largu
5. Bo ta haña guia
6. Bo pasonan lo ta règt
7. Lo bo no topa opstákulo den bo kaminda
8. Ora bo kore lo bo no trompeká

Manera bo ta lesa, no tin motibu pa pasa den bida sin sabiduria i hasi fayonan sin ta na nodi, pa kua kisas pa restu di bo bida lo bo keda ku duele.

> Pasobra ta Spiritu di Dios den hende,
> rosea di Todopoderoso, t'esei ta
> duna hende poder pa diserní
> (Job 32:8).

Segun bo ta krese den bo relashon ku Señor Dios, hasi mas orashon na djE. Lesa su Palabra i praktik'é. Spiritu Santu lo revela bo kosnan grandi di Dios (1 Korintionan 2:6-13). Mas rèspèt nos tin pa Dios i hasi loke ku E ta bisa den Su Palabra, mas kresementu spiritual ta bin. Asina ei sabiduria ta sigui krese.

Ora ku bo ta pará dilanti di un reto grandi i bo no sa kon pa hèndel esaki, lo ta bon pa bo pidi Señor sabiduria. Esaki ta loke ku Rei Salomon a hasi. Ora ku e tabata pará dilanti di e reto pa guia Israèl, e tabatin mag di pidi Dios tur kos i Señor lo a dun'é.

Rei Salomon a pidi Dios sabiduria. El a realisá ku e por logra muchu mas ku sabiduria, en bes di forsa òf poder. Tambe el a realisá ku sabiduria tin mas balor ku piedranan presioso. Tambe ku sabiduria por dun'é un bida largu, salú, rikesa, prestigio i grasia serka Dios i serka hende i ku nada ku hende por deseá ta di kompará ku sabiduria.

Danki Dios ku Kristu Hesus a bira sabiduria pa nos. Den djE tin tur tesoro di sabiduria i konosementu skondí. Pues si bo kurason ta habrí pa Hesus, bo kurason ta habrí pa sabiduria.

Kon por Pone Sabiduria den Práktika?

Manera bo a lesa mas dilanti den e buki, mi a splika ku sabiduria ta bini di Dios. Awor pa bo por pone sabiduria den práktika, bo mester ta un hende ku tin un relashon personal ku Hesus anto E ta guia bo ora bo ta den situashonnan, pa asina bo por usa Su sabiduria.

Ora ku bo haña bo den un diskushon ku otro hende, si bo tin sabiduria, bo sa ki ora bo tin ku papia i ki ora bo tin ku keda ketu.

> "Asta un hende bobo ta parse inteligente
> si e keda ketu i sabí tanten e no habri su boka"
> (Proverbionan 17:28).

Den kada situashon ku bo haña bo i bo no sa mes ora kiko hasi, pidi Dios sabiduria pa bo por sa ki ora i kon bo tin ku bisa nò. Sabiduria lo yuda bo sa ku bo tin ku evitá e malu. Sa kua kaminda bo tin ku bai. Sa kiko bo tin ku hasi i ki ora bo tin ku hasi esei. Sa kon pa warda pas ku bo mes i ku otronan. Sa na kiko i kon gasta bo sèn. I den tur esaki guiá dor di Spiritu Santu.

Si un hende sa kon e tin ku apliká sabiduria den su bida, e no tin mester di un 'life coach'. Sabiduria ta guia bo i kompaña bo. Esei ta e 'life coach' di mas mihó ku ta eksistí. Ku sabiduria bo ta bira eksitoso den tur parti di bo bida: sosial, relashonal, finansiero, familiar, laboral, eskolar etc.

Eskohonan Sabí

Henter nos bida ta basá riba eskohonan ku nos tin ku hasi diariamente. Tin eskohonan ku ta fásil pa hasi, manera: skohe kiko ta kome awe, kua paña pa bisti, kua músika skucha etc. Mi ta yama esakinan eskohonan fásil.

E kaso ta bira otro, na momentu ku bo mester hasi eskohonan ku tin asina tantu influensia riba bo bida, ku bo por papia di kambio di bida.

Por ehèmpel hasi un eskoho di estudio, skohe

un partner pa kasa, inmigrá pa un otro pais òf skohe pa sirbi Señor Hesus. Esakinan ta eskohonan ku bo no tin ku tuma asina asina. Bo mester sòru pa bo ta bon prepará promé dor di konosé e posibilidatnan ku tin. Dor di pensa kuidadosamente riba e loke ku bo ke i kalkulá e kosto adelantá. Asina ku bo ta sigur i a tuma e desishon, bo ta bai 100% pa un akshon dirigí i efektivo pa logra e resultado deseá i lo bo ripará ku bo ta sinti bo felis ku tal desishon.

Hopi biaha hende ta tuma akshon sin ta bon prepará p'e. Pensa riba situashonnan emoshonal. Ora otronan ta pone preshon riba bo, bo ta bai traha purá purá i tin biaha ta hasi kos pa komplasé otro hende. Òf bo ta hasi algu pasobra otronan tambe ta hasié. Esaki por tin komo konsekuensia ku bo ta stòp na mitar kaminda, hala atras, òf ta keda tur bruá sin sa kon pa sigui.

Tin hende ta pensa na logra algu, pero nunka no ta tuma e akshonnan nesesario. Muchu análisis, duda òf miedu tin biaha ta hasi kasi imposibel pa tuma un desishon i bai pa dilanti. Mester di sabiduria i kurashi pa tuma akshon. Kada akshon ta basá riba un eskoho. Den e kaso akí bo ta haña sabiduria dor di prepará bo mes adelantá. Dios ta duna sabiduria na tur esnan ku pidiÉ sinseramente.

> Trese bo plannan i eskohonan na Dios durante di orashon i E lo duna bo konseho, tokante e kaminda ku bo tin ku bai òf eskohonan ku bo tin ku hasi. E lo no pèrdèbo fo'i bista
> (Salmo 32:8).

E mihó eskoho ku bo por hasi, ta ora ku Señor Dios, bo Kreador, guia bo den esaki. Dikon, pasobra El a krea bo i tin un plan òf propósito ku bo bida.

> "Ami so konosé e plannan ku Mi tin pa boso;
> Mi ta sigurá boso ku mi ke boso felisidat,
> no boso desgrasia; Mi ta primintí boso
> un futuro yen di speransa"
> (Yeremias 29:11).

Si bo haña sa kiko e plan òf e propósito di bo bida ta, e ora ei bo por hasi eskohonan ku ta di akuerdo ku e plan ku Dios tin pa bo. Ya ku bo ke biba un bida ku ta duna Dios bo Kreador honor i bo ke hasi kosnan ku ta agradá Señor. Bo por mira e propósitonan komo 'lus di Dios' ku ta guia unda bo tin ku bai. Sin e 'lus' ei den bo bida, bo lo sigui siegamente den bida, sin sa unda pa bai. Sin sa pa kiko bo ta riba e mundu akí. Laga nos tuma e ehèmpel di apòstel Pablo, kende a bisa:

> "Pero mi no ta konsiderá mi bida di ningun balor
> pa mi; loke tin balor pa mi ta, terminá mi
> mishon i e trabou ku mi a haña di Señor Hesus,
> esta prediká e bon notisia tokante grasia di Dios"
> (Echonan 20:24).

Pues, si te ainda bo ta bringa pa sa kiko ta bo propósito den bida òf kiko ta bo yamada, no entregá e lucha. Bo por haña sa bo propósito di bida, solamente serka Esun ku a krea bo. Anto pa bo haña sa bo propósito di bida, bo mester tin un relashon pegá ku Dios. Bo a nase ku un yamada pa hasi algu ku ta abo só por hasi ku e kapasidat partikular ku bo tin. E tarea akí ta Dios Su propósito pa bo bida. E lo empoderá bo pa bo por kumpli kuné tambe.

Mi a yega di tende e konosido eskritor, siñadó i predikadó dr. Myles Munroe 'R.I.P.' bisa den un di su siñansanan, ku nos ta riba e mundu akí pa hasi un diferensia. Loke por yuda nos sa e motibu ku nos ta riba e mundu akí, ta ora nos hasi nos mes e sinku (5) preguntanan akí i kontestá nan:
1. Ken mi ta?
2. Di unda mi a bini?
3. Di kon mi ta aki na mundu?
4. Kiko mi por hasi realmente?
5. Unda mi ta bai?

Si nos por kontestá e preguntanan akí i traha riba nan, nos bida lo no keda méskos. Nos lo hiba un bida mas dirigí pa nos logra nos propósito di bida.

Si pa largu tempu bo tin un soño, un deseo profundo, un vishon òf un idea ku bo tin gana di logra, bo por konkluí ku ta Señor a pone esaki den bo. Trese esaki den orashon na Señor i biba un bida den obedensia na Señor. Buska bo goso den Señor i E lo duna bo tur loke bo kurason por deseá.

Enfoká riba e partinan fuerte ku bo tin (loke bo ta hasi bon); bo pashonnan i sea tremendo den nan. Loke sea. Sea ta traha pan, kanta, bari kaya, dirigí un kompania òf eduká mucha etc. Hasié ku ekselensia, komo si fuera ta pa Señor bo ta hasié. Gosa di e echo ku bo ta hasi algu ku bo ta sinti bo bon den dje.

Pues, ora ku bo ta na e posishon korekto i ta hasi e tarea ku bo tin ku hasi i hasi esaki lo mihó posibel, bo por bisa ku bo a logra bo potensial kompletamente. Bo tin e sintimentu di satisfakshon kompletu i di balor propio haltu. Pasobra bo konosé i bo a kumpli ku e propósito pa kua bo a wòrdu kreá. Bo por bisa ku bo ta un hende eksitoso i felis! Bo ta dispuesto pa tuma akshonnan pa influensiá e mundu rondó di bo positivamente.

> "Konfia den Señor ku henter bo kurason i no sea tèrko, tene kuenta kunÉ den tur loke bo hasi i E lo mustra bo e kaminda korekto" (Proverbionan 3:5-6).

Ai, mi a Tuma un Mal Desishon, Kiko Awor?

Un mal desishon ta ora bo disidí di hasi algu (sin pensa bon i sin tuma konseho) ku konsekuensianan negativo pa bo mes i kisas tambe pa otronan ku tin di aber ku bo. Hopi biaha ta despues di un kaso, bo ta bin ripará ku e desishon ku bo a tuma no tabata bon.

Bo por tuma un mal desishon dor di:
- Desobedensia: Bo mayornan a avisá bo pa no hasi tal kos, abo a disidí di hasié tòg pasobra abo ke;
- Falta di konosementu di e kaso, bo no tabata bon prepará;
- Falta di eksperensia i bo no a tuma konseho tampoko serka un hende ku eksperensia;
- Falta di deliberashon ku otronan, pasobra bo a pensa

ku bo mes por;
- Desishon tumá lihé sin pensa riba e konsekuensianan;
- Sigui mal influensia dor di bo amigu(a), sin pensa pa bo mes;
- Keda sin papia ku un pastor òf un lider spiritual ku por yuda bo den e kaso segun e Palabra di Dios i ku orashon.

Tur mal desishon ku bo tuma, tin su konsekuensia, por ehèmpel:
- Pèrdè tempu
- Problema ku otro hende
- Debe
- Kai será den prizòn
- Bira un hende infelis
- Enfermedat i asta morto

Bo a ripará ku e konsekuensianan di un mal desishon ta kosnan di lamentá? Pero semper tin speransa pa kuminsá di nobo. Pues sea sabí ora bo tin ku tuma un desishon, pa asina bo tuma un bon desishon. Wak bon ku kua tipo di hendenan bo tin amistat. Hopi biaha bo ta keda influensiá dor di nan òf bo ke hasi manera nan tambe ta hasi!

> 'Hende hustu ta un bon guia pa su próhimo, mal hende ta poné riba kaminda robes!"
> Proverbionan 12:26.

Un bon desishon ta nèt kontrali di un mal desishon. Promé ku bo tuma un bon desishon riba un kaso, bo ta pensa riba e diferente alternativanan pa ku e desishon ku bo ke tuma. Evaluá e efektonan riba término largu ku e desishon lo bai tin. Despues bo ta papia ku otro hendenan (madurá i ku eksperensia) pa nan duna bo konseho i ideanan pa ku e desishon ku bo tin ku tuma.

> "Den bista di hende bobo, semper é tin rason, pero hende sabí ta tuma bon konseho"
> (Proverbionan 12:15)

Anto bo ta pensa bon i hasi orashon riba e kaso, wak kiko e Palabra di Dios ta bisa tokante tal kos i ora bo tin e pas di Dios den bo kurason pa ku e kaso, bo ta tuma un desishon i lo bo sintí bo felis!

Felis i Eksitoso

Ora bo sa di buska sabiduria serka Dios i usa esaki den kada situashon di bida ku bo haña bo aden. Ora bo lesa e Palabra di Dios bo ta haña sabiduria pa bo evitá e malu i keda riba e bon kaminda. Ora bo hasi un eskoho sabí i bo ta sigur di dje, bo ta tuma akshonnan dirigí i efektivo pa bo logra bo meta. Si bo haña sa e propósito di Dios pa bo bida, bo ta hasi eskohonan ku ta di akuerdo ku e plan di Dios. Lo bo tin e sintimentu di satisfakshon kompletu i di balor propio haltu.

Preguntanan Kapítulo 7

1. Den kua área di bo bida bo ta sinti ku bo ta falta sabiduria?

2. Bo ta konsiderá bo mes un hende sabí? Di kon?

3. Kon ta e mihó manera pa hasi eskoho?

4. Den e kapítulo akí mi a menshoná sinku (5) pregunta ku por yuda bo pensa pa bo sa bo propósito òf bo yamada den bida i asina hasi un diferensia kaminda bo ta.
   Lo ta bon si bo trata na kontestá e preguntanan akí huntu ku un hende ku tin konosementu spiritual:
   1. Ken mi ta?
   2. Di unda mi a bini?
   3. Di kon mi ta aki na mundu?
   4. Kiko mi por hasi realmente?
   5. Unda mi ta bai?

5. a. Di kon tin biaha un hende ta tuma un mal desishon?

   b. Kiko ta e konsekuensianan di un mal desishon?

6. Kon bo por tuma un bon desishon?

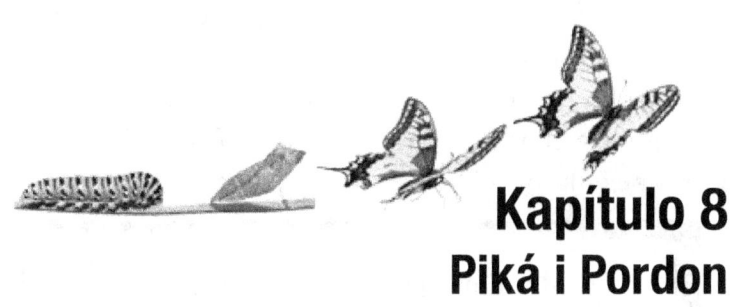

Kapítulo 8
Piká i Pordon

Tin hende ta pensa ku pasobra nan no sa e regla, nan por kibra e regla sin konsekuensia. Por ehèmpel bo ta den tráfiko i bo a mira un bòrchi di tráfiko, pero bo no sa kiko e ke mèn. Bo ta sigui kore gewon sin sa. Si polis gara bo, bo ta haña but? Si tòg? Bo por purba bisa e polis ku bo no konosé e bòrchi, pues bo no ta kulpabel. E ta kapas pa duna bo otro but! Pasombra bo ta kore den tráfiko sin sa kiko e bòrchinan ta nifiká. Pues, maske bo no sa un regla tòg bo ta keda kulpabel si bo kibr'é.

Den mundu spiritual esaki ta mésun kos. Si un hende no ta lesa e Palabra di Dios, e no sa kiko Dios ta spera di dje ni e no sa kiko e Palabra ta bisa riba sierto tópikonan. Asina ei e hende ta bai pèrdí pa falta di konosementu. Si, konosementu di e Palabra di Dios. Tin hende ta peka kontra di e Palabra di Dios sin sa òf sin para ketu kiko nan ta hasiendo. Pa un bida felis bo mester para ketu na e Palabra di Dios. Si bo no sa, buska pa bo sa. Les'é, bai un kurso, djòin un grupo di orashon òf bai un grupo di hende muhé òf hende hòmber den iglesia.

Piká

Piká ta ora ku bo hasi algu ku ta kontra di e Palabra di Dios.
Dios ta kla pará pa pordoná nos, si nos pidiÉ pordon. Esaki ta pa motibu di Su gran miserikòrdia. Si nos sa ku nos a peka kontra Dios, e mihó kos pa hasi ta:

> Atmití nos pikánan abiertamente,
> Dios ku ta fiel i hustu ta pordoná nos e pikánan ei i purifiká nos di tur maldat
> (1 Juan 1:9).

Ora nos hasi piká nos tin un abogado, Kende ta Kristu Hesus pa defendé nos kaso serka Dios Tata. Pero esei no ke men ku nos mester sigui hasi piká bes tras bes.
Komo yunan di Dios nos por biba sin hasi piká, basta nos laga Spiritu Santu, Kende ta biba den nos, guia nos bida!

Pordoná

Pordoná ta eksonerá e otro su kulpa òf piká. Duna e otro un chèns nobo. Pordoná ta, no keda tene e otro persona ku a hasi malu na kurason. Pordoná ta, laga lòs, keda liber i no bira un hende amargá. Ora bo pordoná bo no ta tuma lei den man, pero ta laga e situashon ofer na Dios, Kende por solushon'é muchu mas mihó ku bo.

Tin biaha bo ta haña bo den situashonnan kaminda bo ta haña un persona a hasi algu ku a hasi bo doló, fèrdrit, daño òf ku a ofendé bo fuertemente.

Ku otro palabra, e loke ku a pasa a afektá bo te den profundidat di bo ser. Bo ta sinti bo abatí. Bo ta sinti ku bo emoshonnan i prinsipionan a keda nengá i ku otronan a trata sin rèspèt ku bo. I tòg ta pidi bo pa pordoná un hende ku a hasi bo asina tantu doló.
Nos tur tin ku pordoná, maske ku nos no ta sinti pa hasi esaki.

Ehèmpel

Imagina bo ku un amigu bin bisa bo ku kos ta malu p'é i si bo por fi'é 400 florin pa e kumpra piesa pa e laga drecha su outo. Boso ta bon amigu ku otro pa basta aña kaba i bo sa ku e brò di bo mester di su outo pa bai trabou. Pues, bo a disidí di fi'é e sèn. E amigu ta yama bo masha danki i bisa bo ku despues di dos (2) luna e ta paga bo e 400 florin bèk. Awor e dos (2) lunanan a pasa i e brò no a kumpli ku su palabra. Ora bo puntr'é kiko a para di e sèn e ta rospondé bo na mal airu, ku e no tin e sèn aworakí. Despues di kasi sinku (5) luna e ta paga bo 100 florin só bèk, bisando bo ku sobrá ta bin mas despues. Te asta dia djawe, ku ta tres (3) aña mas aleu, e bon amigu ei no a paga bo e sobrá 300 florin. Ora bo mir'é riba kaya den su outo e ta hasi manera ku e no debe bo ningun sèn.

Señor Hesus ta manda nos pordoná otronan. Pordoná ta un proseso, e ta tuma su tempu. Pa un hende e ta bai fásil, pero pa un otro e proseso akí ta tuma hopi tempu i tin biaha e persona tin mester tuma yudansa sikológiko. Dependé kon duru e kos a dal e.

Pordon den Orashon

Den e kaso di e fiamentu di sèn sin paga bèk ku mi a kaba di deskribí, bo ta pordoná e amigu dor di hiba e kaso den orashon na Dios Tata. Papia tur loke ku ta riba bo kurason ku bo Tata. Bis'É kon bo a sinti bo engañá dor di un bon amigu i ku ta duel bo mashá ku el a trata bo asina sin rèspèt. Esaki a pone ku bo no tin konfiansa mas den djé, ku e konsekuensia ku boso amistat a kibra. Bisa Señor ku bo ta pordoná e persona pa loke el a hasi ku bo i ku bo ta lagu'é den Su man. Ora bo kaba ku e orashon akí, laga e amigu lòs pasobra bo a entregá e kaso na bo Tata Selestial. Dios mes lo dil ku e amigu na Su manera. Abo tin ku tuma e desishon ku bo no ta laga e situashon ei amargá bo bida. Sino laga e persona i e situashon den man di Dios i sigui padilanti ku bo bida. Tene konfiansa ku Dios lo sali pa bo. I lo bo sinti bo felis!

> "Keridonan, no tuma vengansa boso mes, pero laga Dios kastigá. Pasobra tin skirbí ku Señor ta bisa: 'Ami lo tuma vengansa; Ami lo paga bèk"
> (Romanonan 12:19).

Kuantu Biaha mester Pordoná?

> "I si e peka kontra bo shete be riba un dia i bira bisa bo shete be: "Mi tin duele di loke mi a hasi", bo mester pordon'é!"
> (Lukas 17:4).

Pero sí bo tin ku tuma akshon pa protehá bo mes. No laga hende keda abusá i probechá di bo bes tras bes i bisa bo ku bo mester pordon'é. Por ehèmpel si un hende den bo famia òf un amigu yegá na kas, ta abusá di bo seksualmente bes tras bes i bisa bo pa pordon'é i keda ketu, no bisa ningun hende nada, sino ... Maske ku e ta menasá bo, bo tin ku tuma akshonnan pa protehá bo mes. Manera papia di esaki ku un hende di konfiansa òf bai duna un keho na polis. Pasobra maske ku bo a pordon'é, e abuso ei mester stòp si.

Tempu mi yu hòmber tabata keda bin pidi mi pordon despues ku el a desobedesé mi, mi tabata pordon'é. Su siguiente dia òf algun dia despues, e tabata bolbe hasi e mésun kos. Su tata tabata bolbe mand'é bai pidi mama pordon. Mi tabata bolbe pordon'é. Esaki a keda ripití su mes, te ku mi a bisa mi yu: "No bin pidi mi pordon mas, kaminda bo sa ku bo ta keda desobediente." Esaki tabata mi fayo, pasobra mi mester a keda pordon'é, kada bes ku el a bini pa pidi mi pordon pa loke ku el a hasi. I es mas, maske ku e no a bin pidi mi pordon, tòg den mi kurason mi mester a pordon'é. Pa mi mes pas interno, pa nos por tin bon komunikashon ku otro i pa nos por sigui trata ku otro.

> "Soportá otro i pordoná otro ki ora ku un di boso tin un keho kontra otro. Pordoná otro meskos ku Señor a pordoná boso" (Kolosensenan 3:13).

Si un hende tin hopi amor, lo e por soportá i pordoná. Amor no sa rabia lihé, ni warda renkor. Amor semper ta perseverá, semper ta kere, semper ta spera i keda soportá. Amor ta dura pa semper. Ora ku bo realisá kuantu Hesus ta stima bo i a pordoná bo, bo tambe lo ke hasi esaki ku otronan.

Awor ku bo sa kiko ke men pordoná i dikon bo mester pordoná i tòg bo keda tèrko i ninga di pordoná otronan nan faltanan kontra bo; ku otro palabra bo ta skohe pa no pordoná un otro. Kiko lo pasa e ora ei?

- Bo bida ta keda manera wantá. Manera tin un kos ku ta stroba bo progreso spiritual. Ta manera ku tin un muraya entre abo i Dios Tata pa motibu di e piká di falta di pordon;

- Ora bo skohe pa no pordoná, esaki ta kondusí na amargura. Bo ta bai konta otronan di bo doló i kon abo ta mira henter e situashon. Ku tin komo konsekuensia ku otronan ta trèk na bo banda i duna bo rason. Yùist e loke ku bo ke;

- Un otro konsekuensia di no pordoná ta, ku bo ta bai isolá bo mes òf bo ta tuma un posishon di defensa pa bo no wòrdu ofendé atrobe;

- No pordoná ta kondusí na malesa. Mi sa tende hende bisa: "Pordoná si, pero lubidá nunka." Esaki ta komprendibel, sigur ku e hende a hasi bo hopi doló. Ta bon sí pa bo pidi Dios yuda bo pa e loke ku a pasa no keda dominá bo mente, bo bida i hasi bo un hende amargá. Pidi Dios forsa nobo pa bo lanta kabes atrobe i sigui padilanti ku bo bida. Si bo ke wòrdu saná i liberá di e doló di pasado, bo tin ku pordoná i lubidá (den e sentido ku bo no ta laga e suseso dominá bo bida). Laga lòs pa asina abo wòrdu lagá lòs!

Dios Tata no ta kòrda nunka mas riba bo pikánan ora E pordoná bo.

> "Lo Mi pordoná nan maldatnan i no kòrda mas riba nan pikánan"
> (Hebreonan 8:12 / 10:17).

Komo humano, maske ku tin biaha rekuerdonan di pasado (doló, heridanan na bo persona etc.) ta bin ariba, no laga esakinan strobá bo den bo trato ku e persona en kuestion òf strobá bo di bai dilanti den bida. I asina faya bo propósito di bida.

Bentahanan di Konfesá Piká na otro i Pordoná otro

- Pas ku Dios, pas ku e otro i pas ku bo mes
- Un bon relashon ku Dios Tata
- Bon salú i bon kontaktonan sosial atrobe
- Liber di kulpa di pasado
- E persona ku bo a pordoná ta bira liber

> Sea bondadoso i tene kompashon; pordoná otro manera Dios a pordoná boso pa medio di Kristu
> (Efesionan 4:32).

Felis i Eksitoso

Lo bo ta ora bo konosé e Palabra di Dios i tuma esaki na kuenta pa bo por kumpli kuné. Ora bo pordoná un hende di berdat, bo ta keda liber i e situashon lo no amargá bo bida. Trese e situashon na Hesus den orashon, lag'é lòs i sigui padilanti ku bo bida. Bo ta pordoná un hende pa bo tin pas den bo kurason, pa boso por sigui komuniká i sigui trata ku otro.

Preguntanan Kapítulo 8

1. Piká ta ora ku bo faya ku e Palabra di Dios.
   Ora ku bo haña sa ku bo a hasi piká, kon bo tin ku dil kuné serka Dios i serka e otro hende?

2. a. Di kon un hende ta hasi piká?

   b. Kiko un hende por hasi pa e no kometé piká?

3. Pordoná otro tin biaha ta difísil, pero tòg nos mester hasié.
   a. Splika kiko bo ta komprondé bou di pordoná otro

   b. Di kon ta bon pa pordoná otro?

   c. Bo a yega di pordoná un hende ku a faya ku bo? Kon esaki a bai?

4. Si bo keda sin pordoná otro, ki efekto esaki por tin den bo bida?

5. Kon bo a sinti bo ora ku bo a konfesá bo piká na otro

òf ora bo a pordoná otro?

6. a. Splika kiko stimashon tin di aber ku pordoná otro.

   b. Kua ta e ehèmpel mas grandi ku nos por tuma di stimashon i duna pordon?

Kapítulo 9
Estímulo i Balor Propio

Bo ta mira bo mes komo un hende ku por logra algu den bida, manera un bon trabou òf lanta bo mes negoshi? Bo por tin un relashon stabil ku otronan òf tin un hòbi dushi? Bo ta un persona ku por sòru bon pa su mes i pa su próhimo. Un estímulo propio salú ta nesesario pa bo tin un bida felis.

Estímulo propio tin di aber ku na unda bo ta posishoná bo mes den e bida akí. E ta kuminsá dor di e manera ku bo a risibí edukashon for di chikí. Si bo mayornan a keda animá bo i papia palabranan positivo ku bo. Si nan a siña bo balornan di bida, esei ta e fundeshi pa krea konfiansa propio den bo. Lo bo bai kere esaki i aktua di akuerdo ku nan.

Kon bo ta balorá bo mes den e bida akí? Bo ta mira chènsnan pa bo logra algu pa bo mes òf bo ta mira bo mes komo un frakaso? Bo tin algu ku ta duna bo rason pa biba? Tin algu ku ta animá bo pa bo bai dilanti den bida? Aseptashon propio i balorashon propio ta e yabinan pa un estímulo propio salú. Sa ken bo ta, konosé bo puntonan fuerte i esnan débil. Desaroyá i traha riba e puntonan fuerte, e ora ei e puntonan débil no ta notabel. Un hende ku tin un estímulo propio salú, ta un hende ku ta pensa positivo di su mes i ku ta balorá su mes haltu.

Estímulo Propio Positivo / Salú

Si bo tin estímulo propio salú, lo bo tin un bista positivo riba bida. I esaki tin influensia riba bo skol, bo trabou, bo relashon i riba tur kos ku bo hasi. Si bo ta positivo, bo ta pensa positivo i bo ta atraé i reflehá e loke ta positivo.
Tin bisá ku: "Di e manera ku bo ta sòru pa bo mes, bo ta pone un stèndert pa otronan." Si bo ta tene kuenta ku bo mes, ta sòru bon pa bo mes i ta respetá bo mes, otronan ta sa pa trata bo meskos!
"Abo ta loke ku bo ta pensa di bo mes ku bo ta." Bo sentimentunan i komportashon ta resultado di loke ku bo ta bisa bo mes den e sirkunstansianan ku bo ta haña bo mes aden. Si bo ta kere den algu, bo ta bai komportá bo mes di akuerdo ku e loke bo ta kere aden. Por ehèmpel, si bo ta kere ku bo ta bai slag pa un eksámen, bo ta motivá pa siña i bo tin un aktitut positivo pa ku e eksámen. Ku otro palabra, loke ku bo ta pensa i kere aden, ta determiná kon bo ta sinti bo i kon bo lo aktua.

Algun Tep pa un Estímulo Propio Salú

01. Aseptashon propio: "sa ku bo ta úniko";
02. Balorashon propio: sea orguyoso di bo puntonan fuerte i desaroyá esakinan mas;

03. No kompará bo mes ku otronan, kada hende ta diferente;
04. Sea agradesido pa i kontentu ku tur loke ku bo tin i ku bo ta;
05. Hasi kosnan ku bo ta haña dushi, esaki ta relahá bo;
06. Anda ku hendenan ku ta influensiá bo positivo;
07. De bes en kuando bo tin mag di malkriá bo mes. Kumpra algu ku bo gusta òf sali bai kome algu afó na un restorant ku bo tin gana di bishitá;
08. Tene pensamentunan positivo di bo mes;
09. Sabi ku Dios Tata ta stima bo i ku bo tin balor; 'Bo ta un pèrla den Su man';
10. Stima bo mes i stima bo próhimo, yud'é ku loke bo por;
11. Wak den spil i papia palabranan positivo ku bo mes: "Mi ta bunita, mi por e, mi ta bai p'e";
12. Traha un plan pa e dia, loke ku bo ke bai hasi e dia ei. Sea flèksibel pasobra semper por bini algu otro aden;
13. Sa di pordoná, lubidá, laga lòs di e pasado i strèch bo mes pa bo logra loke tin bo dilanti.

Poko Estímulo Propio

Si bo ta un hende ku poko estímulo propio, ta nifiká ku bo no tin balor propio. Bo ta pensa solamente negativo di bo mes. Dor di mal eksperensianan ku bo a pasa aden, hopi biaha tempu ku bo tabata yòn. Manera palabranan negativo ku nan a papiá ku bo, esaki ta laga bo kere ku bo no tin balor i ku ningun hende no ta stima bo.

Tambe si nan a tenta bo, òf a tèr bo na skol òf mal usá seksualmente. Un relashon malu ku un di bo mayornan òf ku tur dos, tin komo konsekuensia ku bo no ta sinti bo aseptá.

Ora bo tin poko estímulo propio, bo no por komuniká bon ku otronan. Hopi biaha bo ta tímido i bo ta pensa ku bo no por hasi nada bon.

Poko estímulo propio ta bini tambe dor ku bo ta bai kompará bo mes ku otronan. Mi yu hòmber a bisa mi ku un yùfrou na skol básiko vários biaha a bis'é: "Wak kon tal i tal mucha ta hasi su bèst, tuma un ehèmpel di djé." E yu di ku mi: "Mama, mi no ke ta manera e mucha ei, mi ke ta mi mes"! E yùfrou tabata ke mèn e bon, pasobra mi yu hòmber sa hasi hopi wega i tin biaha ta intrankil den klas, pero sí e sa di hasi su bèst de bes en kuando. Miéntras ku e otro muchanan ta trankil den klas i ta siña bon.

Loke ku e yùfrou no a para ketu na dje ta, ku kada mucha ta diferente. Mi tabata kontentu di tende mi yu reakshoná asina. E tempu lo bini ku e mes lo bai mira i komprondé ku e tin ku kambia su komportashon i su aktitut den klas, pasobra e ke logra algu den bida. Ora ku bo ta kompará bo mes ku otronan, bo ta bai enfoká mas tantu riba bo fayonan en komparashon ku e fayonan di otro. Esaki ta resultá den frustrashon i na mal relashon (p.e. den trato ku otronan), kual tin komo konsekuensia: depreshon.

Si bo ta bai hasi kompranan (pañanan, sapatu, perfume karu) pa bo por sinti bo mes kontentu i bo ta balorá opinion di otronan òf ta buska aprobashon di otronan pa bo sinti bo bon, tur esakinan ta síntomanan di estímulo propio abou.

Mi ta konsiente ku pa loke ta trata estímulo propio abou, tin kousanan ku ta profundo ku mi no a trata den e buki akí. Den e kaso ei ta bon pa bo buska yudansa profeshonal òf pastoral!

Stima bo Kurpa i Glorifiká Dios ku bo Kurpa

Ta un kurpa so nos tin. Nos tin ku kuid'é pasombra e ta algu presioso. For di prinsipio di mundu Señor Dios a forma hende su kurpa. Kual ta e lugá kaminda bo ser ta biba. I bo tin e tarea pa kuida bo kurpa bon, ser un bon mayordomo pa bo kurpa.

Kiko ta tarea di un mayordomo? Tarea di un mayordomo ta pa kuida, protehá segun e deseonan di e doño i ta para responsabel pa esaki. Abo ta responsabel pa kuida i protehá bo kurpa. Bo tin ku wak ku loke bo ta hasi ku bo kurpa ta segun e deseonan di e doño di bo kurpa, Kende ta Señor Dios.

Na promé lugá, bo kurpa mester ta dediká na Señor. Bo por lesa esaki den Beibel den e bukinan di 1 Korintionan 6:19-20,

> "Boso no sa ku boso kurpa ta tèmpel di Spiritu Santu? Dios a duna boso Spiritu Santu i Spiritu Santu ta biba den boso. Boso no ta di boso mes. Dios a kumpra boso i a paga e preis! Usa boso kurpa antó pa glorifiká Dios."

Kondishon di bo Kurpa

Bo kurpa mester ta den bon kondishon i den balansa. Bo ta hasi trabou, pero tambe bo tin ku rekreá i drumi sufisiente. De bes en kuando bo tin ku bai bo dòkter di kas pa hasi un chekeo. Bo tin ku wak pa Dios haña gloria den e loke ku bo ta hasi.
Otro versíkulo ku ta menshoná abo (yu di Dios) komo tèmpel di Spiritu Santu, ta den 1 Korintionan 3:16-17,

> "Boso no sa ku boso ta e tèmpel di Dios i ku e Spiritu di Dios ta biba den boso? Si un hende destruí e tèmpel di Dios, Dios lo destruí'é. Pasobra e tèmpel di Dios ta santu i esei ta loke boso ta."

Aki Señor Dios ta tuma bo na serio pa bo kuida Su tèmpel i no destruí esaki.
Si bo ta yama bo mes yu di Dios, bo mester sa ku bo kurpa ta tèmpel di Spiritu Santu i bo tin ku onra Dios den bo kurpa i den tur loke ku bo ta hasi ku bo kurpa. Asina aki bo ta demostrá rèspèt i amor pa Señor Dios i pa bo mes.

Den e loke ku bo ta kome i bebe, Dios ta haña gloria? Bo ta kome i bebe produktonan saludabel?

No usa alkohól. Si bo ta usa bibidanan alkohóliko, laga esaki ta na midí i kontrolá. No tin mester di bira burachi. Dios no ta haña gloria den esei.

Bo no ta glorifiká Dios den bo kurpa si bo pèrmití tabaku den bo kurpa. Ta p'esei no huma sigaria, ni usa droga.

Ora bo bisti un paña na bo kurpa. Promé ku bo sali for di kas, wak den spil i puntra bo mes: "E manera ku mi ta bistí akí, mi ta duna Dios gloria"?

Ora bo ta baila na un fiesta, kon bo ta hasi esaki? Bo ta duna Dios gloria den e manera ku bo ta baila ku bo kurpa i ku otro?

Bo no ta glorifiká Dios den bo kurpa si bo tene relashon seksual ku un persona ku no ta bo kasá. Ta p'esei apstené bo di sèks promé ku òf pafó di matrimonio. Bo tabata sa ku Beibel ta bisa ku relashon seksual ta uni hende, hasi nan UN KURPA? Ku kada hende ku bo tene relashon seksual, bo ta bira unu kuné. Sea ta un relashon di frei òf pagá.

"Boso sà ku boso kurpa ta parti di kurpa di Kristu. Awor lo mi kohe parti di Kristu Su kurpa i hasi'é parti di un muhé di bida? Imposibel! Òf ta sa boso no sa ku esun ku uni ku un muhé di bida ta bira un kuné físikamente? Pasobra Skritura ta bisa: "Nan lo bira un kurpa." Ma esun ku uni su mes ku Señor, lo bira un kunÉ spiritualmente. Evitá inmoralidat seksual. Niun otro piká no ta afektá hende su kurpa, ma e hende ku ta hasi su mes kulpabel na inmoralidat, ta peka kontra su mes kurpa" (1 Korintionan 6:15 – 18).

Stima Dios Mas ku tur Kos

Un di e mandamentu ku Dios a duna e hende ta: "Stima Señor bo Dios ku henter bo kurason, mente i forsa i stima bo próhimo manera bo ta stima bo mes"! Wèl, esaki si ta un, pero no imposibel.

Dios ke ta e persona di mas importante den bo bida. I pa bo stim'É ku tur loke ta den bo. Dios ta mira e hende komo e ser di mas importante ku El a krea. El a krea hende na Su imágen i semehansa (Génesis 1:26, 27). El a supla Su rosea den hende. Asina e hende a haña bida. Di e manera ei Dios por komuniká i tin un relashon ku hende (Génesis 2:7). Esaki tabata e kaso ora ku Dios a krea Adam i Eva.

E intenshon di Dios pa e hende ta, pa E tin un relashon personal i amoroso kuné. Dios ta stima bo i E ke ta serka di bo. Si, asta den bo kurason i pa bo ta pensa hopi riba dj'E. Dios ke pa bo ta enamorá di dj'E. Ora ku e kontakto entre Dios i hende a kibra dor di desobediensia / piká di e promé hende Adam, Señor a pensa un plan pa restorá e kontakto. El a duna Su Yu Kristu Hesus. E eskoho ta na abo, si bo ta kere den e nasementu, bida, sufrimentu, morto i resurekshon di Kristu Hesus. Pa asina bo por restorá e komunion / relashon entre abo ku Dios.

Dios ta Eksistí di Bèrdat?

Kisas bo ta puntra bo mes: "Kon mi por stima Dios asina tantu si mi no ta mir'É, ni sa ku E ta eksistí di bèrdat?" Pasobra normalmente ora ku bo ta stima un hende, bo ta mir'é, mishi kuné i bo ta papia, hari i yora kuné. Boso ta hasi kosnan plasentero ku otro, loke ta hasi e amor pa otro krese mas i mas.

Promé kos ku mi por bisa bo ta, ku Dios ta stima

bo masha hopi mes i E ta puntra bo pa hasi kosnan ku E sa ku bo por kumpli kuné. Na di dos lugá, bo tin ku kere i ta konvensí ku Dios ta eksistí, pa medio di fe, aunke ku bo no ta mir'É. Fe ta sea sigur di e kosnan ku bo ta spera ariba di risibí i ku bo ta konvensí di e realidat ku bo no ta mira.

Si bo ta kere den Dios, e ora ei ta mas fásil pa bo kere su Palabra (Beibel) tambe. Ora bo lesa e Palabra di Dios, lo bo siña konosé Dios Su pensamentu i e plan pa ku bo bida mas mihó. Pasobra Dios ke pa su yunan ta felis i pa nan tin un bon futuro.

Kon bo ta hiba Amor den Práktika?

Ora un hende bira un yu di Dios, e ta risibí e amor di Dios den su kurason. Un hende ta bira un yu di Dios ora ku e aseptá Kristu Hesus den su kurason pa medio di fe. E hende ta nase di nobo, spiritualmente. Komo un kriatura nobo bo ta kapas pa stima otronan ku e amor ku bo a risibí di Dios. E Palabra di Dios ta bisa den 1 Korintionan 13:2.

> "Maske mi tin don di profesia, mi konosé tur Dios su plannan skondí i mi sa tur kos, maske mi tin fe perfekto pa move seru, ma mi no tin amor, mi no ta nada."

Duru no? Aki bo por mira kon importante "Amor" ta pa Dios. Es mas: Dios ta amor! El a mustra bo Su amor promé dor di duna abo (mundu) Su úniko

Yu, Kristu Hesus. Loke ku E ta pidi bo awor ta pa kere den Hesus i pa bo stim'É ku henter bo kurason, mente i forsa i pa bo stima bo próhimo manera bo ta stima bo mes. Ku e amor di Dios den bo kurason, bo por stima asta esnan ku no ta stima bo.

Si bo mester a duna un definishon pa amor, kiko lo bo a bisa? Pens'é un ratu. Den 1 Korintionan 13:4-8a tin un deskripshon di kiko ta amor. Mi ta sit'é pa bo:

"Amor sa di soportá i ta bondadoso, e no ta envidioso; amor no sa broma, ni ta orguyoso. E no ta grosero, ni egoista; e no sa rabia lihé, ni warda renkor; e no ta keda kontentu ku inhustisia, pero ku berdat sí. Amor semper ta perseverá, semper ta kere, semper ta spera i keda soportá. Amor ta dura pa semper."

Ta mas di loke ku bo a spera, no? Mi por konkluí ku esun ku ta stima, ta keda humilde i ta hasi tur kos pa promové un bon entendimentu (relashon) ku e otro persona. Dios a duna Su Yu Hesus pa restourá e relashon kibrá entre Dios i hende. Si bo aseptá Kristu Hesus den bo kurason, e relashon entre abo i Dios Tata ta drecha atrobe.

Bo tin ku imaginá bo mes, ku tin un mucha hòmber ku ta stima un mucha muhé i e ke tin un relashon amoroso kuné. E mucha hòmber ta duna e mucha muhé komo regalo, un renchi di kompromiso. Si e mucha muhé bisa si i aseptá e renchi, e kompromiso (relashon) ta bai dor. Pero si e mucha muhé rechasá e regalo i bisa nò, e ora ei no tin relashon i kos a kaba.

Pues, e relashon entre abo ku Dios Tata ta dependé di kiko abo ta disidí. Si bo ta aseptá e regalo di

Salbashon si òf nò. Esei ta dependé di e interes ku bo tin. Na unda bo kurason ta dirigí bo? Na kosnan di Dios, na kosnan di e mundu akí òf na kosnan di bo mes?

Si bo ke biba un bida felis, lo ta bon si bo stima manera Señor ta bisa bo. I lo bo ripará ku esaki ta e base pa bo stima otronan tambe.

Esaki Señor a hasi kla dor di un mandamentu:

> "Stima Señor, bo Dios, di henter bo kurason, ku henter bo alma i ku tur bo forsa i stima bo próhimo manera bo ta stima bo mes" (Lukas 10:27).

Si bo ta stima Dios, bo ta hasi e loke ku E ta bisa. I si bo ta stima bo próhimo, bo no ta hasi malu kuné. Wèl, trata otro hende den tur kos meskos ku bo ke pa nan trata bo (Mateo 7:12a). Loke ku bo no ke pa otro hasi ku bo, bo tampoko no mester hasi ku nan. Por ehèmpel, un di e mandamentunan ta: "No hòrta." Bo no ta bai hòrta pa tres (3) motibu:

1. Bo ta stima Dios i bo ta obedesé su Palabra. Pues bo ta hasi loke tin skirbí den e Palabra. Bo no ta hòrta;
2. Bo ta stima bo próhimo, pues bo no ta hasi malu kuné. No hòrt'é;
3. Bo no ta keda kontentu ora un hende hòrta algu di bo. Pues bo tampoko no ta hòrta otro.
   Pues, esun ku ta stima su próhimo no ta hasié daño. P'esei stima otro ta igual na laga e nifikashon berdadero di Lei di Moises sali na kla.
   (Romanonan 13:8-10).

Felis i Eksitoso

Ora bo tin un estímulo propio salú, bo ta pensa positivo di bo mes, bo ta aseptá bo mes manera bo ta i bo ta balorá bo mes haltu. Si bo ta un yu di Dios, sa ku bo mes no ta doño di bo kurpa, sino Dios. Pues protehá i kuida bo kurpa bon. Honra Dios ku bo kurpa, asina bo ta mustra rèspèt pa Dios i pa bo mes. I otronan tambe lo trata bo ku rèspèt. Dios ta stima bo i E ke pa bo stim'É mas ku tur kos. Lo bo sinti bo felis i satisfecho ora bo tin un relashon personal i amoroso ku Hesus. Si tur hende ta stima Hesus i stima nan próhimo manera nan ta stima nan mes, nos lo ta biba hopi dushi i felis ku otro!

Preguntanan Kapítulo 9

1. a. Splika kiko bo ta komprondé bou di estímulo propio – balor propio.

   b. Abo tin un estímulo propio salú? Splika di kon si òf di kon nò.

2. Di e manera ku bo ta sòru pa bo mes, bo ta pone un stèndert pa otronan.
   Kon bo ta sòru pa bo mes i kuida bo mes pa bo bai dilanti den bida?

3. Abo ta loke ku bo ta pensa di bo mes ku bo ta.
   Splika kon bo pensamentu por afektá e persona ku bo ta.

4. a. Kiko bo por bisa di un hende ku poko estímulo propio?

   b. Menshoná algun manera di komportá di un hende ku poko estímulo propio.

5. Nos mester kuida nos kurpa i glorifiká Dios ku nos kurpa.
Kon nos por kuida nos kurpa i kon nos por glorifiká Dios ku nos kurpa?

6. Kon bo por sa ku Dios ta eksistí di bèrdat i kon bo por stima Dios maske ku bo no ta mir'É?

7. Dios a mustra nos Su amor dor di duna Su úniko Yu, Hesus pa muri na nos lugá.
Kon abo lo por mustra bo amor pa otronan?

Kapítulo 10
Kiko ta bo Opinion di Beibel, e Palabra di Dios

Mi a puntra diferente hende, kiko nan ta pensa di Beibel. Esaki ta e diferente kontestanan ku mi a risibí:
- Ta un buki di historia
- Ta un buki tokante di Dios
- Mi no tin opinion, pasobra mi no sa lesa e buki ei
- Eiden tin e leinan di Dios skirbí
- Ta un buki skirbí dor di hende, pues mi no ta kere den djé
- Ta un buki ku mi ta stima. E ta yen di palabra ku ta yuda mi biba

Pues, tin diferente opinion tokante di Beibel.
Hendenan tin nan mes opinion. Opinion di e ambiente den kua nan a krese òf opinion ku nan a tuma ofer di e ambiente den kua nan ta. Bo ta biba den un pais liber, pues tur hende tin mag di tin su mes opinion. Mi tambe tin mi opinion tokante di Beibel. Dor di lesa i studia e Palabra di Dios tur dia, mi por bisa bo kiko ami ta pensa di djé.

Historia di Beibel

Beibel ta skirbí durante 1500 aña (kuminsando 1400 promé ku Kristu i 100 aña despues di Kristu).

- Beibel ta konta e historia di 40 generashon di hende;
- Mas ku 40 eskritor a skirbi e bukinan di Beibel;
- E eskritornan di Beibel ta tur sorto di hende. Algun tabata reinan, otronan tabata filósofo, piskadó, poeta, polítiko, dòkter, hende simpel i hende studiá;
- Beibel tabata skirbí den diferente lugá: den desierto, den gròt, den prizòn i den palasio;
- Beibel ta skirbí den diferente tempu: tempu di guera i tempu di pas;
- Beibel ta skirbí pa hende den diferente estado emoshonal: hende hopi kontentu i felis, hende desesperá i den pèrtá;
- Beibel ta skirbí den 3 kontinente: Asia, Afrika i Oropa;
- Beibel ta skirbí den 3 lenguahe: Hebreo, Arameo i Griego.
- Beibel ta konsistí di 66 buki: 39 den e Tèstamènt Bieu i 27 den e Tèstamènt Nobo.
- Den Beibel tin profesíanan ku a keda kumplí.

Tòg tur e eskritornan ta konta nos di e mesun historia di Kristu. Nan no ta kontradesí otro. Beibel ta é Palabra di Dios!

Beibel ta un buki skirbí dor di inspirashon di Dios i ta útil pa duna siñansa, refutá, koregí i pa instruí kon biba un bida rekto (2 Timoteo 3:16). Ku otro palabra, bo por apliká e palabra di Dios den tur situashon di bida ku bo haña bo aden.

Dor di lesa i studia e Palabra di Dios, bo ta haña sabiduria i komprenshon di ariba kon bo tin ku biba, pa bo bida por ta aseptabel pa Dios. Sí mi ta ripití,

aseptabel pa Dios. Ta esaki ta e loke ku ta trata. E bida ku bo ta biba aworakí, mester ta un preparashon pa e bida ku lo bo tin despues (despues di morto). Tin un dicho ku ta bisa: "Loke ku bo planta awe, bo ta kosechá mañan." Kon bo ta biba aworakí? Kiko ta importante pa bo den bida? Kon ta ku bo bida spiritual?
Kon un hóben su andar por keda limpi? Si e warda e Palabra di Dios. Pues dor di lesa e Palabra di Dios i hasi loke ku E ta bisa!

E Palabra di Dios ta etèrno, e no tin komienso, e no tin fin. Hesus a bisa den Mateo 24:35: "Shelu i tera lo pasa bai, ma mi Palabranan nò"! E Palabra di Dios ta duna bo speransa ku semper bo por keda tene na djé. E Palabra no ta kambia.

Dios Su prinsipionan ta skirbí den e Beibel. Kon Dios ke pa bo biba i kon komportá bo mes kunÉ i ku otronan. Den e Beibel bo ta haña tur kos ku bo tin mester pa hiba un bida felis i eksitoso, por ehèmpel:
- Kon pa komuniká ku otronan
- Kon pa hasi ku e sentido di rabia i amargura
- Kon trata ku bo finansa pa bo no tin skarsedat di sèn
- Kon bo tin ku skohe bo amigunan
- Kon pa deskubrí Dios Su propósito pa bo bida

- Kon ta trata ku e sentido di miedu i di ansha
- Kon pa tin un bida sin preokupashon
- Kon bo tin ku hasi orashon pa haña kontesta
- Di kon pordoná otro etc.
- Tin Proverbionan ku bo por siña algu afó i Salmonan pa enkurashá bo.

Si bo lesa e Palabra di Dios i kere den djÉ, lo bo apliká e Palabra tambe na bo bida, kual tin komo konsekuensia ku bo ta krese spiritualmente. Dor di esaki ta posibel pa bo distinguí e bon for di e malu.

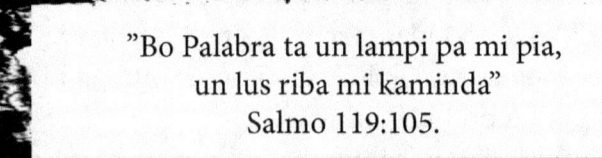

"Bo Palabra ta un lampi pa mi pia,
un lus riba mi kaminda"
Salmo 119:105.

Mi konseho ta: "Invertí den bo bida spiritual i kumpra un Beibel den e lenga ku bo ta komprondé mihó i lesa i meditá den bo Beibel tur dia si bo por." Ku e Palabra di Dios bo por resistí e atakenan ku bo ta haña bo kuné den bida.

 Pasobra maske ku bo ta lesa e Palabra di Dios tur dia i biba un bida segun e boluntat di Dios, tòg lo bo haña bo ku desapuntonan den bida. Hesus a bisa nos ku: "Na mundu boso lo pasa den tribulashon, ma tuma kurashi, Ami a derotá mundu." (Juan 16:33). Pues, no desanimá ora bo ta pasa dor di tempunan difísil; pone bo konfiansa den Hesus. E ta fortalesé nos ora nos ta pasa dor di e tribulashonnan di bida. E ta den kontròl di tur situashon!

Kiko ta Orashon i kon Hasi esaki

Orashon ta nifiká papia ku Dios, E Tata selestial. Tin diferente manera ku por hasi orashon. Orashon sin palabra. Orashon ku stèm suave, bo por skucha bo mes. Orashon na bos haltu, ora bo ta hasi orashon huntu ku otronan, nan tambe por skucha i por bisa amèn.

Dikon hasi orashon na Dios?
Dios Mes ke pa nos hasi orashon na djÉ. Pasobra Dios ta un dushi Tata selestial, ku ke tin komunion (relashon) ku su yunan. Semper E ta para kla pa bo. E ta laga Su Mes wòrdu hañá dor di tur hende ku ta busk'É seriamente. E ta skucha i ta kontestá orashonnan. Dios tin bon intenshonnan ku bo. Ta p'esei E ta bisa den evangelio di (Mateo 7:7-11):

> "Pidi i boso lo risibí; buska i boso lo haña; bati i porta lo habri pa boso. Pasobra ken ku pidi, lo risibí; ken ku buska, lo haña; i ken ku bati, porta lo habri p'é. Òf por tin un di boso ku lo duna su yu piedra ora e yu pidi pan? Òf dun'é un kolebra ora e pidi piská? Ke men, si asta boso ku ta mal hende sa di duna boso yunan kos bon, kuantu mas antó boso Tata den shelu lo no duna kos bon na esnan ku pidi'É"?

Kon Hasi Orashon

Señor Hesus a siña Su disípulonan kon nan tin ku hasi orashon na Dios Tata. Mateo 6:5-13: Ora boso ta

resa, no resa manera e hipókritanan; nan gusta para resa den snoa i na skina di kaya pa hende mira nan.
Mi ta sigurá boso: Ya nan a haña nan pago kaba. Ma abo, ora bo ta bai resa, drenta bo kamber sera porta i resa na bo Tata, ku ta den e lugá sekreto akí i bo Tata ku ta mira loke bo ta hasi den skondí, lo rekompensá bo. Anto ora boso ta resa, no resa ku un lawina di palabra manera pagano; nan ta kere ku Dios ta skucha nan, pasobra nan ta resa ku hopi palabra. No hasi antó manera nan, pasobra boso Tata sa loke boso mester, promé ku boso pidi'É. Resa antó di e forma akí:

Nos Tata, ku ta na shelu,
bo nòmber sea santifiká;
laga Bo reino bini;
Bo boluntat sea hasí
na tera meskos ku na shelu.
Duna nos awe nos pan di kada dia;
i pordoná nos nos faltanan
meskos ku nos ta pordoná esnan ku a falta ku nos;
i no laga nos kai den tentashon,
ma libra nos di e malbado.
[Pasobra di Bo e reino ta, tur poder i gloria, te den eternidat. Amèn]."

Esaki ta un orashon simpel for di kua bo por siña kon bo por hasi orashon. No solamente pidi, pidi na Dios, pero tambe dun'É gloria, honr'É, laga Dios sea Dios, pidi'É pordon etc.

Tambe bo por hasi un orashon kòrtiku tur kaminda ku

bo ta si bo ta sinti e nesesidat pa papia ku Señor Hesus òf ku Spiritu Santu na e momento ei.

Kon Hasi Orashon pa asina bo Haña Kontesta

Ata'kí algun instrukshon, si bo ke pa Dios Tata skucha bo orashon i duna bo loke ku bo a pidi'É:
1. Hasi orashon den nòmber di Hesus (Juan 16:23-24)
   "E dia ei boso lo no pidí Mi niun splikashon mas. Mi ta sigurá boso: Tata lo duna boso kiko ku boso pidi'É den mi nòmber. Te ainda boso no a pidi nada den mi nòmber; pidi i boso lo haña, ya asina boso legria lo ta kompleto."
2. Hasi orashon na e manera korekto i pa e kosnan korekto. No pa satisfasé bo mal deseonan (Hakobo 4:2-3).
   "Boso ta deseá algu ma no por hañ'é, p'esei boso ta kla pa mata; boso ta envidiá loke un hende tin ma boso no por hañ'é, p'esei boso ta bringa i pleita. Boso no ta haña nada, pasobra boso no ta pidi Dios. Te na ora boso pidi'É mes, boso no ta haña tòg, pasobra boso ta pidi ku mal intenshon: boso ke dispidí loke boso haña pa satisfasé boso mal deseonan."
3. Hasi orashon sin duda den bo kurason.
   (Hakobo 1:6-8)
   "Pero ora bo ta resa, resa ku fe den Dios, sin niun tiki duda, pasobra esun ku ta duda ta manera ola di laman ku bientu ta supla djaki p'aya. Un hende asina no mester kere mes ku e ta risibí nada di Señor, pasobra e ta un hende ku tin awa den un man, kandela den e otro; e no tin un kondukta stabil."

4. Bo mester tin un bida konforme e boluntat di Dios pa bo orashon tin un bon resultado. (Hakobo 5:16)
"P'esei antó, konfesá boso pikánan na otro i resa pa boso haña kura. Orashon di un hende ku ta biba di akuerdo ku boluntat di Dios tin un resultado tremendo."
5. Orashon di arepentimentu (Lukas 23:42-43). Un kriminal ta bisa Hesus riba e krus:
"Hesus, kòrda riba mi, ora Bo drenta den bo reino."
Hesus a kontes'é: "Mi ta sigurá bo: Awe mes lo bo ta huntu ku Mi den paraíso!"

Bo Alma ta Salbá?

Si bo mester muri aworakí bo tin sigur ku bo ta bai shelu?
Kisas bo ta sintá ku e pregunta aki, kual no ta nada straño pa pensa ariba. Kisas ta asta bon pa bo para ketu un ratu na kiko lo pasa ku bo ora bo muri. Morto ta un kos ku lo toka nos tur riba un dia. No tin edat pa esaki. Hende hóben, hende di edat mediano i hende di edat avansá tur ta haña bishita di morto.
Importante ta pa bo ta prepará pa ora e momentu di morto yega, ya ku esaki ta algu sigur. E desishon ku bo tuma den e bida aki ta determiná na unda bo lo pasa eternidat. Ku ta e bida despues di morto, un bida ku no tin fin. Despues di morto no tin sentido pa resa pa bo alma bai Shelu.
Segun Beibel, tin dos kaminda ku bo por pasa eternidat: den Shelu (huntu ku Dios Tata) òf den fièrnu

(huntu ku satanas). Tur dos kaminda ta real.

Pa loke ta trata Shelu: Hesus a bisa: "Den kas di mi Tata tin hopi lugá; Mi ta bai prepará un lugá pa boso. Si no tabata asina, lo Mi no a bisa boso. Despues di prepará un lugá pa boso, Mi ta bolde bini i tuma boso serka Mi pa boso ta kaminda Mi ta. Boso konosé e kaminda ku ta kondusí na e lugá ku Mi ta bai. Ami ta e kaminda, berdat i bida; niun hende no por yega serka Tata, sino ta pa medio di Mi" (Juan 14:2-4,6).

Pa loke ta trata fièrnu: "A benta tur esnan ku nan nòmber no tabata den e buki di bida, den e lago di kandela." (Revelashon 20:15).

> "Pasobra Dios a stima mundu asina tantu ku El a duna su úniko Yu, pa tur esnan ku pone konfiansa den djE no bai pèrdí, ma haña bida eterno."
> Huan 3:16

Pa bo nòmber ta den e buki di bida, bo mester a aseptá Kristu Hesus den bo kurason komo bo úniko i sufisiente Salbador. Masha fásil: "Pasobra si ku bo boka bo proklamá ku Kristu ta Señor i den bo kurason bo kere ku Dios a lant'É for di morto, lo bo ta salbá! Pasobra ku bo kurason bo ta kere pa Dios aseptá bo komo hustu i ku bo boka bo ta proklam'É públikamente pa asina bo haña salbashon" (Romanonan 10:9-10).

Dios ta aseptá tur hende pa medio di fe den Kristu Hesus. Esei ta konta pa tur ku kere den Kristu sin distinshon. Kere ku Kristu a karga bo pikánan den su kurpa riba e Krus di Kalvario i dor di Su sanger dramá bo a haña pordon di piká.

> "Pasobra boso ta salbá dor di grasia di Dios, pa medio di fe den Kristu! Anto boso no ta haña salbashon a base di boso mes esfuerso, ma e ta un regalo di Dios. No por hasi nada pa gan'é, ya niun hende no por broma"
> (Efesionan 2:8-9).

Ora ku bo a hasi e orashon di konfeshon, un ehèmpel: Señor Hesus mi ke yama bo danki ku Bo a karga mi pikánan den Bo kurpa riba e krus di Kalvario i Bo a muri na mi lugá. Dor di Bo sanger dramá Bo a duna mi pordon di piká. Awe mi ta aseptá Bo komo mi úniko Salbador. Dor di konfesá i kere esaki den mi kurason, mi a bira un yu di Dios. Danki Hesus!

Lo bo risibí Spiritu Santu pa guia bo i yuda bo biba un bida felis i den viktoria. Di manera ku ora morto yega na bo porta bo alma ta kla i bon prepará pa topa ku bo Salbador i pa bo pasa eternidat huntu kunÉ den Shelu.

Felis i Eksitoso

Ora bo lesa i komprondé ku Beibel ta e Palabra di Dios i ku bo por apliká e Palabra den tur situashon di bida ku bo haña bo aden. Bo tin un promesa di Dios i un palabra di speransa pa bo tene na djé ku fe i asina sali eksitoso for di tur situashon. Dor di lesa i studia e Beibel bo ta haña sabiduria i komprenshon di ariba kon bo tin ku biba pa bo bida por ta aseptabel pa Dios. Lo bo sinti bo felis ora ku bo por papia ku Hesus (orashon) tur ora ku bo ta sinti e nesesidat di hasi esaki. Si bo ta sinti e nesesidat di hasi orashon pa aseptá Kristu Hesus den bo kurason komo bo Salbador personal, tambe bo por hasi esaki tur momento. Ya ora bo bandoná e mundu aki (di un forma repentino), bo por ta huntu ku Hesus den Shelu pa semper.

Preguntanan Kapítulo 10

1. E Beibel no ta djis un buki manera bo a yega di lesa.
   Di kon bo ta kere ku Beibel ta un buki spesial?

2. E intenshon di lesa Beibel ta pa bo siña i apliká e Palabra di Dios na bo bida.
   Di kon ta importante pa bo lesa, siña i apliká e Palabra di Dios na bo bida?

3. Nos mester ta hendenan ku ta hasi orashon tur dia òf ki ora nos haña un chèns.
   Kon bo tin ku hasi orashon pa bo haña kontesta?

4. Nos tur tin ku muri riba un dia.

   a. Si bo muri aworakí bo tin sigur ku bo alma ta bai shelu?

   b. Di kon bo a kontestá asina?

5. Kiko bo tin ku hasi pa bo nòmber ta skirbí den e buki di bida?

6. Komo un yu di Dios, kon bo por biba un bida kristian felis i eksitoso?

Kapítulo 11
Sea Enkurashá

Algun palabranan pa enkurashá bo den bo kaminata ku Kristu Hesus:

1. "Mi ta alabá Señor, Kende ta guiá mi i asta anochi ta instruí mi kurason. Semper mi ta tene Señor mi dilanti, si E ta pará na mi man drechi, mi'n ta hera" (Salmo 16:7-8).

2. "Señor su preseptonan ta rekto, ta alegrá nos kurason; Señor Su mandamentu ta kla, lus pa nos wowo" (Salmo 19:8).

3. "Señor ta mi Wardador mi no tin falta di nada; Si, bendishon i bondat ta kompaña mi tur dia di mi bida" (Salmo 23:1,6)

4. "Kanta pa Señor boso tur Su fielnan, alabá Su nòmber santu: pasobra Su rabia ta dura djis un ratu, pero Su kariño henter un bida largu. Si yora anochi, mainta tin legria" (Salmo 30:4-5).

5. "Bo a kambia mi luto den baile, bo a kita mi paña di rou, kaba bo a bisti mi di fiesta. Pesei mi ta kanta salmo pa Bo sin keda ketu nunka mas. O Señor, mi Dios, mi ke alabá Bo pa semper" (Salmo 30:11-12).

6. "Kòrda ku bista di Señor ta riba esnan ku respet'É i ku ta konfia firmemente den Su amor bondadoso" (Salmo 33:18).

7. "Purba i mira ki bon Señor ta, felis t'esun ku ta skonde serka djÉ" (Salmo 34:8).

8. "Teme Señor, boso, hende konsagrá n'É, pasobra esnan ku respet'É nan no tin falta di nada. Leonnan yòn ta pasa hamber i trafat, ma esnan ku ta buska Señor no ta falta ningun bendishon" (Salmo 34:9-10).

9. "Si mi tata i mama mes bandona mi, ta Señor lo tuma mi" (Salmo 27:10).

10. "Bo amor i bondat, Señor, ta keda riba nos, manera nos konfiansa ta firme den Bo" (Salmo 33:22).

11. "Tin hende ku ke biba hopi tempu, ku ke pasa nan dianan den bon? Anto warda bo lenga di maldat i bo lepnan di papia mentira, hui kos malu, hasi bon, buska pas, trata di gan'é (Salmo 34:12-14).

12. "Pasobra serka Bo Señor tin e fuente di bida, den Bo lus nos ta mira tur lus" (Salmo 36:9).

13. "Konfia den Señor, hasi bon, habitá tera i keda fiel. Buska bo goso den Señor i l'E duna bo tur loke bo kurason por deseá" (Salmo 37:3-4).

14. "Señor ta guia un hende su pasonan, ora E gusta su kondukta. Si akaso e trompeká, e no ta kai, Señor ta ten'é na su man" (Salmo 37:23-24).

15. "Dios ta mi refugio, E ta mi fortalesa, El a resultá un Yudador den ora di mesté" (Salmo 46:1).

16. "Tira bo preokupashon riba Señor, E mes lo perkurá pa bo" (Salmo 55:22).

17. "Serka Dios Só mi alma ta na pas, ta di djE mi salbashon ta bini. E Só ta mi baranka i salbashon, mi fòrti – nunka lo mi tambaliá" (Salmo 62:1-2).

18. "Mi alma, alabá Señor, tur loke tin den mi, alabá su santu nòmber. Mi alma alabá Señor, no lubidá ningun di su fabornan: E ta pordoná tur bo kulpa i ta kurá bo di tur dolónan. E ta salba bo bida for di graf, ta rondoná bo ku bondat i ku tèrnura. E ta kolma bo añanan ku biennan, bo hubentut ta renobá manera un águila" (Salmo 103:1-5).

19. "Bondat di Señor ta eterno, eterno pa esnan ku respet'É" (Salmo 103:17).

20. "Felis t'esnan ku nan andar ta sin mancha, siguiendo lei di Señor! Felis esnan ku ta warda Su preseptonan

i ta busk'É di kurason, ku sin kometé nada malu ta sigui Su kaminda" (Salmo 119:1-3).

21. "Mi ta alsa mi bista na serunan: di unda mi yudansa lo bini? Mi yudansa ta bini di Señor, Kende a traha shelu i tera" (Salmo 121:1-2).

22. "Sí B'a forma mi te den mi mondongo, Bo a hila mi den barika di mi mama. Mi ta alabá Bo pasobra B'a traha mi di un manera asombroso, un milager. Hundu den mi kurason mi sa esei" (Salmo 139:13-14).

23. "Pero esnan ku konfia den Señor ta hañá forsa nobo kada be; nan ta kria ala manera di águila. Nan ta kore sin kansa, nan ta kana sin perdè rosea" (Isaías 40:31).

24. "No tene miedu, pasobra Ami ta bo Dios. Mi ta duna bo forsa, yuda bo, sostené bo ku Mi man viktorioso. Pasobra Ami ta Señor, bo Dios, Mi a kohe bo man tene i bisa bo: "No tene miedu, Mi ta yuda bo" (Isaías 41:10, 13).

25. "T'Ami Só konosé e plannan ku Mi tin pa boso; Mi ta sigurá boso ku Mi ke boso felisidat, no boso desgrasia; Mi ta primintí boso un futuro yen di speransa. Kada be ku boso invoká Mi i bini serka Mi den orashon, Mi ta skucha boso. Si boso buska Mi di henter boso kurason, boso ta hañá Mi tambe" (Yeremías 29:11-13).

26. "Tur ku ta kansá i kargá, bini serka Mi i Ami lo duna boso sosiegu" (Mateo 11:28).

27. "Ma esun ku keda perseverá te na final lo keda salbá" (Mateo 24:13).

28. "Hesus a bisa: "Ami ta e kaminda, berdat i bida; niun hende no por yega serka Tata, si no ta pa medio di Mi" (Juan 14:6).

29. "Dios sí a demostrá Su amor na nos dor ku Kristu a muri pa nos, miéntras nos tabata pekador ainda" (Romanonan 5:8).

30. "Ke men antó, aworakí no tin kondenashon pa esnan ku ta uní ku Kristu-Hesus" (Romanonan 8:1).

31. "Nos sa ku tur kos ta kontribuí na bienestar di esnan ku ta stima Dios, esta esnan ku El a yama di akuerdo ku su propósito" (Romanonan 8:28).

32. "Loke niun hende no a yega di mira, ni niun hende no a yega di tende, ni niun hende no por imaginá nan, esei Dios a prepará pa esnan ku ta stim'E" (1 Korintionan 2:9).

33. "Pesei anto, rumannan stimá, para firme sin tambaliá, mira pa boso destaká semper den boso trabou pa Señor, pasobra boso sa ku e trabou ku boso ta hasi den union ku Señor no ta en bano" (1 Korintionan 15:58).

34. "Un hende ku ta uní ku Kristu ta un kreashon nobo. E kosnan di ántes a pasa bai i loke ta nobo a yega" (2 Korintionan 5:7).

35. "Keda semper kontentu den Señor! Mi ta ripití: keda kontentu" (Filipensenan 4:4).

36. "No preokupá pa nada, ma den tur sirkunstansia presentá boso petishonnan na Dios den orashon i semper ku gradisimentu. I e pas di Dios ku niun hende no por komprondé, lo warda boso kurason i mente den union ku Kristu-Hesus" (Filipensenan 4:6-7).

37. "Tur kos mi por den Kristu, Kende ta duna mi forsa" (Filipensenan 4:13).

38. "Pero sea bondadoso i tene kompashon; pordoná otro manera Dios a pordoná boso pa medio di Kristu" (Efesionan 4:32).

39. "Ban aserká Dios Su trono, antó ku konfiansa, kaminda por haña grasia, pa E tene miserikòrdia ku nos i den Su bondat yuda nos na ora di nesesidat" (Hebreonan 4:16).

40. "Hasi esfuerso pa biba na pas ku tur hende i trata di biba santu. Es ku no biba santu, no ta mira Señor nunka" (Hebreonan 12:14).

41. "Kòrda hasi bon i kompartí loke boso tin ku otro hende; pasobra esakinan ta e sakrifisionan ku ta agradá Dios" (Hebreonan 13:16).

42. "Tur don perfekto i tur kos bon ku nos risibí ta bini di shelu, di Dios, Kende ta Kreador di tur e astronan selestial. E sí no ta kambia nunka" (Hakobo 1:17).

43. "Ademas mundu i su deseonan ta pasahero, ma esun ku hasi boluntat di Dios ta biba pa semper" (1 Huan 2:17).

Felis i Eksitoso

Manera bo por a lesa den henter e buki akí ta ku konosementu i aplikashon di e Palabra di Dios ta e base pa un bida felis i eksitoso. E Palabra ta kla i ta un lus pa bo wowo ku ta mustra bo kon bo tin ku move. Si bo ta duda pa entregá bo bida na Hesus pasobra bo ta pensa riba e kosnan di mundu ku lo bo bai pèrdè, mi por bisa bo ku nada di mundu, ku bo pèrdè, ta di kompará ku tur e benefisionan ku lo bo haña ora bo tin un relashon personal ku Kristu Hesus. Ademas, mi por bisa bo esaki ku siguransa pasobra mi a biba tur dos bida (un bida sin Hesus i un bida ku Hesus). Despues ku mi a entregá mi bida na Hesus, nunka mas mi a bira bèk pa e kosnan di mundu. Mundu i su deseonan lo pasa, ma esun ku hasi boluntat di Dios lo biba pa semper. Djis purba i mira ku Señor ta bon! Si Señor ta bo Wardador, bo lo no tin falta di nada. Hasi tur loke ku bo por pa bo biba na pas ku otro, yuda otro i stima otro. Sea semper kontentu, buska bo goso den Señor i lo E duna bo e deseonan di bo kurason.

Preguntanan Kapítulo 11

Bo por skirbi e versíkulonan ku a bendishoná bo den un di e situashonnan menshoná akí bou:

1. Ora bo ta kontentu:
....
....
....
....
....

2. Ora bo ta tristu:
....
....
....
....
....

3. Ta duna bo speransa:
....
....
....
....
....

4. Ta duna bo pas:
....
....
....
....

5. Ta enkurashá bo:
....
....
....
....
....

6. Mester di guiansa:
....
....
....
....
....

7. Mester di konsuelo:
....
....
....
....
....

8. Ta duna bo siguransa:
....
....
....
....
....

Otro situashon:..

Kapítulo 12
Konklushon

Mi ta konfia di por a kontribuí pa yuda bo haña un mihó bida, ku e buki akí. Ku ora bo tin ku trata personalmente ku un hende, lo bo sa kon komuniká kuné pa boso por kompronde otro i yega mas serka di otro. Den bo bida sosial ku bo por sa kon mantené un bon relashon ku bo ruman, mayornan, amigu(a), kolega òf ku bo kasá. I tambe den bo bida spiritual bo por sa di konsultá i apliká e Palabra di Dios ora bo haña bo enfrentá ku retonan den bida, asina bo bida spiritual por krese.

Manera mi a bisa kaba, bo por haña bo den diferente situashonnan fèrfelu i tambe situashonnan dushi. Dependé kon bo ta reakshoná riba nan, ta hasi e diferensia den bo bida di awor i bo bida di futuro. Mi konseho ta: "Sea sabí ora di tuma desishon i laga e ta mas tantu posibel di akuerdo ku e Palabra di Dios." Usa e Palabra di Dios komo un guia den tur área di bo bida. E ora ei bo sa ku a lo ménos bo ta aktuando konforme e boluntat di bo Kreador i lo bo eskperensiá e pas di Dios ku hende no por kompronde.

Si Señor bo Kreador ta kontentu ku bo stail di

biba, E lo guia bo pasonan den bida i lo bo tin éksito.

    Mi ta konfia di a duna bo tur e hèrmèntnan nesesario pa bo por sa kon trata den e áreanan di estudio i trabou, ku bo por sa di manten é un plan di estudio i ku bo por manten é un bon aktitut ora di bai traha. Tambe ku bo lo sa kon dil ku bo finansa i asina biba sin debe. Ku bo lo praktiká dominio propio i lo por evitá di hasi sèks promé ku bo kasá. Ku bo por sa kon enfrentá bida komo un mama soltero i komo un tata hóben ku tòg tin ku kumpli ku su responsabilidatnan di tata pa e yu. Tambe komo un persona soltero bo por sa kon disfrutá di bo bida, aunke bo no ta kasá.

    Den kaso di amistat, frei i matrimonio ku bo por sa kon mantené un bon amistat i ora bo ta frei pa kasa, ku lo bo sa kiko ta e kosnan di bo pareha ku bo tin ku tene kuenta kuné i si bo ta kla pa kasa. Tambe sa, ku matrimonio ta algu serio i bo mester ta bon prepará pa drenta den e boto akí.

    Pa loke ta trata emoshonnan negativo manera preokupashon, engaño, rabia, amargura, strès, miedu i inseguridat, bo tin hèrmènt pa dil ku nan.

    Kon trata bo próhimo bon dor di ekspresá gratitut, duna rèspèt i duna yudansa.

    Den kaso di sabiduria, apliká e pasonan pa haña sabiduria i kon hasi bo eskohonan den bida pa bo tin éksito.

    Kòrda traha riba bo salú, stima i kuida bo kurpa.

    Pa loke ta trata bo bida spiritual, ku bo lo sa di pordoná otro pa bo tin un bida liber i na pas ku bo mes. Stima Dios mas ku tur kos i hiba amor den práktika. Ku bo por sa i komprondé ku Beibel ta e Palabra di Dios ku ta e bèrdat. Ya bo sa kon hasi orashon pa asina haña kontesta! Hopi importante ta, pa bo alma ta salbá asina bo por pasa eternidat den shelu serka Dios Tata.

Probechá di e tekstonan di enkurashamentu ku mi a duna bo pa lesa. Memorisá algun di nan pa bo haña speransa òf konsuelo i ánimo. Usa nan ora bo ta tristu òf kontentu.

Ta mi orashon ku bo por apliká tur e siñansanan akí den bo bida di tur dia den kada situashon ku bo por haña bo mes aden. Bo ta bai ripará ku lo bo ta eksitoso den e áreanan di bo bida personal i den e áreanan ku bo tin ku trata ku otro hende.

Si bo ke sa e propósito dikon bo ta riba e mundu akí, bo tin ku busk'é serka Esun ku a krea bo. Segun bo relashon ku Señor ta krese, bo ta haña sabiduria pa por komprondé e boluntat di Dios pa bo bida. Segun bo ta stima Señor mas i mas, lo bo ke biba un bida den obedensia na e Palabra di Dios, pasobra bo ke pa bo Tata Selestial ta kontentu ku bo. Lo bo tin pas ku Dios, pas ku bo próhimo i pas ku bo mes. Bo ta sinti bo un hende felis!

Buska Yudansa

Traha un lista di hendenan ku bo por aserká pa yuda bo den e ocho áreanan ku mi a trata den e buki akí:

1. Komunikashon
2. Estudio, trabou i finansa
3. Dominio propio, seksualidat i mayor

4. Amistat, freimentu i matrimonio
5. Emoshonnan negativo
6. Trata bo próhimo bon
7. Sabiduria
8. Bida spiritual

Pensa riba hende ku por yuda manera:

a. Bo mama òf tata
b. Un tanchi òf tio mayor di edat
c. Yùfrou òf mener di skol
d. Bo mèntòr di klas
e. Un lider spiritual
f. Bo hefe direkto na trabou ku bo ta atmirá
g. ....

Si akaso bo no por logra haña ningun hende pa yuda bo, bo por aserká mi komo bo "life coach."

www.ingramcontent.com/pod-product-compliance
Lightning Source LLC
Chambersburg PA
CBHW070600010526
44118CB00012B/1393